CONF
DE WESTMINSTER
Y
CATECISMO MENOR

CONFESIÓN DE FE DE WESTMINSTER Y CATECISMO MENOR

EL ESTANDARTE DE LA VERDAD

EL ESTANDARTE DE LA VERDAD
3 Murrayfield Road, Edimburgo EH12 6EL, Reino Unido
P O Box 621, Carlisle, PA 17013, EE.UU.

ISBN: 978-0-85151-889-3

Revisión de estilo de la presente edición: Juan Sánchez Araujo

La presente edición se publica en colaboración con
EDITORIAL PEREGRINO, S.L.

Impreso en EE.UU.

Printed in USA

Índice

Confesión de Fe de Westminster (1643-1648)

El 12 de junio de 1643 el Parlamento inglés acordó "convocar una asamblea de teólogos y laicos para consultarla acerca de la forma de asentar las bases del gobierno y la liturgia de la Iglesia de Inglaterra, y para purificar la doctrina de errores y falsas interpretaciones". La convocatoria incluyó a personajes de diversas tendencias eclesiológicas (episcopales, presbiterianos, independientes y erastianos), si bien la composición final de la asamblea fue mayoritariamente presbiteriana.

La Confesión de Fe quedó definitivamente redactada el 29 de abril de 1647, fecha en que fue remitida al Parlamento. En los doce meses siguientes se redactaron los dos Catecismos —Menor y Mayor—, y el 13 de octubre de 1647 el llamado Parlamento Largo estableció a la Iglesia presbiteriana como Iglesia oficial de Inglaterra, si bien a modo experimental y por muy poco tiempo, pues Cromwell habría de suprimir los presbiterios y los sínodos. Por otra parte, tras la Restauración, los ministros puritanos rehusaron aceptar el Acta de Uniformidad promulgada por Carlos II en 1662, perdiendo sus cargos por ello.

La Confesión de Fe de Westminster ha quedado como documento confesional de todas las iglesias presbiterianas, aunque es preciso resaltar los cambios introducidos por la Asamblea General de 1789 de la Iglesia Presbiteriana de EE.UU., que modificaba el capítulo 20 (art. IV), el capítulo 23 (art. III) y el capítulo 31 (art. I). Estas modificaciones se refieren al papel que deben desempeñar los gobernantes civiles en materias eclesiásticas. No hay en la Confesión de Fe de Westminster tendencias erastianas, pero a los ojos de la joven democracia norteamericana la posibilidad de una intromisión de las autoridades civiles en materias religiosas era de todo punto inaceptable. Las doctrinas reformadas se formularon en otras Confesiones además de la de Westminster. Poco antes de publicarse esta, en 1644, los baptistas de persuasión calvinista (también llamados "baptistas particulares") publicaron su propia Confesión, que fue conocida por el nombre de Confesión de Londres, y revisada en 1651.

Los congregacionalistas adoptaron la Confesión de Fe de Westminster con algunas modificaciones en la Conferencia de Saboya (1658).

En 1677, los baptistas particulares rehicieron su Confesión sobre la base de la de Westminster, introduciendo algunos cambios en artículos acerca de la Iglesia, las ordenanzas y los magistrados civiles. Esta Confesión se conoce con el nombre de Segunda Confesión de Londres, y se convirtió, a partir de 1689, en la Confesión definitiva de los baptistas de teología calvinista.

Una derivación de esta última Confesión apareció en Estados unidos cuando la Asociación Baptista de Filadelfia confirmó, en 1724, su adhesión a la versión de 1689. Tras unas pequeñas modificaciones efectuadas en 1742, los baptistas norteamericanos la adoptaron formalmente. Esta Confesión se conoce por el nombre de Confesión de Filadelfia.

Como puede verse, no han faltado expresiones confesionales de la misma fe reformada que nos presenta la Confesión de Fe de Westminster. Las iglesias cristianas del siglo XVII comprendieron la necesidad de recopilar en un documento las líneas maestras de su fe y, ciertamente, lo hicieron con singular destreza y fidelidad.

La fidelidad bíblica y el rigor teológico de esta Confesión son muy de tener en cuenta en tiempos que, como los nuestros, escoran peligrosamente hacia el relativismo y el pragmatismo. Quiera el todopoderoso y soberano Señor utilizarla para su gloria.

Capítulo I

De las Santas Escrituras

I. Aunque la luz de la Naturaleza y las obras de la Creación y la Providencia manifiestan la bondad, la sabiduría y el poder de Dios, de tal manera que los hombres quedan sin excusa[1], no son, sin embargo, suficientes para dar aquel conocimiento de Dios y de su voluntad que es necesario para la salvación[2], por lo que agradó a Dios, en distintas épocas y de diversas maneras, revelarse a sí mismo y declarar su voluntad a su Iglesia[3], y además, para conservar y propagar mejor la Verdad, y para el mayor consuelo y fortalecimiento de la Iglesia contra la corrupción de la carne y la malicia de Satanás y del mundo, le agradó dejar esta revelación por escrito[4]. Por todo lo cual, las Santas Escrituras son muy necesarias[5], y tanto más cuanto que han cesado ya los modos anteriores por los cuales Dios reveló su voluntad a su Iglesia[6].

[1]Ro. 2:14,15; 1:19,20; Sal. 19:1-3; Ro. 1:32 y 2:1.

[2]1 Co. 1:21 y 2:13,14.

[3]He. 1:1.

[4]Lc. 1:3,4; Ro. 15:4; Mt.. 4:4,7,10; Is. 8:19,20; Pr. 22:14-21.

[5]2 Ti. 3:15; 2 P. 1:19.
[6]He. 1:1-2.

II. Bajo el nombre de "Santas Escrituras" o "Palabra de Dios escrita", se comprenden todos los libros del Antiguo y Nuevo Testamentos, que son:

Antiguo Testamento

1. Génesis
2. Éxodo
3. Levítico
4. Números
5. Deuteronomio
6. Josué
7. Jueces
8. Rut
9. 1 Samuel
10. 2 Samuel
11. 1 Reyes
12 2 Reyes
13. 1 Crónicas
14. 2 Crónicas
15. Esdras
16. Nehemías
17. Ester
18. Job
19. Salmos
20. Proverbios
21. Eclesiastés
22. Cantares
23. Isaías
24. Jeremías

25. Lamentaciones
26. Ezequiel
27. Daniel
28. Oseas
29. Joel
30. Amós
31. Abdías
32. Jonás
33. Miqueas
34. Nahum
35. Habacuc
36. Sofonías
37. Hageo
38. Zacarías
39. Malaquías

Nuevo Testamento

1. Mateo
2. Marcos
3. Lucas
4. Juan
5. Hechos
6. Romanos
7. 1 Corintios
8 2 Corintios
9. Gálatas
10. Efesios
11. Filipenses
12. Colosenses
13. 1 Tesalonicenses
14. 2 Tesalonicenses
15. 1 Timoteo
16. 2 Timoteo

17. Tito
18. Filemón
19. Hebreos
20. Santiago
21. 1 Pedro
22. 2 Pedro
23. 1 Juan
24. 2 Juan
25 3 Juan
26. Judas
27. Apocalipsis

Todos estos fueron dados por inspiración de Dios para que sean la regla de fe y de conducta[1].

[1]Lc. 16:29,31; Ef.. 2:20; Ap. 22:18,19; 2 Ti. 3:16.

III. Los libros comúnmente llamados "apócrifos", por no ser de inspiración divina, no forman parte del canon de las Santas Escrituras ni son, por tanto, de autoridad para la Iglesia de Dios. No deben aceptarse ni usarse excepto de la misma manera que otros escritos humanos[1].

[1]2 P. 1:21; Ro. 3:2; Lc. 24:27,44.

IV. La autoridad de las Santas Escrituras, por la que estas deben creerse y obedecerse, no depende del testimonio de ningún hombre o iglesia, sino exclusivamente del testimonio de Dios, Autor de ellas —quien es en sí mismo la Verdad—, y deben ser creídas porque constituyen la Palabra de Dios[1].

[1]2 P. 1:19,21; 2 Ti. 3:16: 1 Jn. 5:9; 1 Ts. 2:13.

V. El testimonio de la Iglesia puede movemos e inducirnos a tener una estimación alta y reverencial por las Santas Escrituras[1], a la vez que el carácter celestial del contenido de la Biblia, la eficacia de su doctrina, la majestad de su estilo, la armonía de todas sus partes, el fin que se propone alcanzar en todo su conjunto (que es el de dar toda la gloria a Dios), el pleno descubrimiento que hace del único modo por el cual el hombre puede alcanzar la salvación, y sus otras muchas e incomparables excelencias, así como su entera perfección, son argumentos por los cuales se evidencia abundantemente como Palabra de Dios. Sin embargo, nuestra persuasión y completa seguridad de su infalible verdad y divina autoridad, provienen de la obra del Espíritu Santo, quien da testimonio a nuestro corazón con la Palabra y por medio de ella[2].

[1]1 Ti. 3:15.
[2]1 Jn. 2:20,27; Jn. 16:13,14; 1 Co. 2:10,11; Is. 59:21.

VI. El consejo completo de Dios tocante a todas las cosas necesarias para su propia gloria y para la salvación, fe y vida del hombre, o está expresamente expuesto en las Escrituras o se puede deducir de ellas como buena y necesaria consecuencia; y a esta revelación de su voluntad nada ha de añadirse, ni por nuevas revelaciones del Espíritu, ni por las tradiciones de los hombres[1]. Sin embargo, confesamos que la iluminación interna del Espíritu de Dios es necesaria para que se entiendan de una manera salvadora las cosas reveladas en la Palabra[2], y que hay algunas circunstancias tocantes a la adoración de Dios y al gobierno de la Iglesia, comunes a las acciones y sociedades humanas, que deben arreglarse conforme a la luz de la Naturaleza y de la prudencia cristiana, pero guardando siempre las reglas generales de la Palabra de Dios, que han de guardarse siempre[3].

[1]2 Ti. 3:15-17; Gá. 1:8,9; 2 Ts. 2:2.
[2]Jn. 6:45; 1 Co. 2:9-12.
[3]1 Co. 11:13,14 y 14:26,40.

VII. Las cosas contenidas en las Escrituras no son todas igualmente llanas, ni igualmente claras para todos[1]; sin embargo, las cosas que necesariamente deben saberse, creerse y guardarse para conseguir la salvación, se proponen y declaran en uno u otro lugar de la Escritura, de tal manera que no solo los eruditos, sino también los que no lo son, pueden adquirir un conocimiento suficiente de tales cosas por el debido uso de medios ordinarios[2].

[1]2 P. 3:16.
[2]Sal. 119:105,130.

VIII. El Antiguo Testamento en hebreo (que era la lengua nativa del pueblo de Dios antiguamente) y el Nuevo Testamento en griego (que en la época en que fue escrito era la lengua más conocida entre las naciones), siendo inspirados inmediatamente por Dios y mantenidos puros a través de los siglos por su especial cuidado y providencia, son por eso mismo auténticos[1], y por esa razón la Iglesia debe apelar a los originales en esas lenguas, en última instancia, en toda controversia religiosa[2]. Pero como dichas lenguas no son conocidas por todo el pueblo de Dios, que tiene derecho a las Escrituras e interés en ellas, y tiene ordenado leerlas y escudriñarlas en el temor de Dios[3], deben por ello ser traducidas a la lengua vulgar de toda nación a la que sean llevadas[4], para que morando abundantemente la Palabra de Dios en todos, puedan adorar a Dios de manera aceptable[5] y así, mediante la paciencia y consolación de las Escrituras, tengan esperanza[6].

[1]Mt. 5:18.
[2]Is. 8:20; Hch. 15:15.
[3]Jn. 5:39,46.
[4]1 Co. 14:6,9,11,12,24,27,28.
[5]Col. 3:16.
[6]Ro. 15:4.

IX. La regla infalible de interpretación de la Escritura es la propia Escritura; por consiguiente, cuando hay dificultad respecto al sentido verdadero y pleno de un pasaje cualquiera (sentido que no es múltiple, sino único) este se debe buscar y establecer con la ayuda de otros pasajes que hablen con más claridad[1].

[1]Hch. 15:15; 2 P. 1:20,21; Hch. 15:16.

X. El Juez Supremo, por quien deben decidirse todas las controversias religiosas, y todos los decretos de concilios, opiniones de antiguos autores y doctrinas de hombres y espíritus individuales deben ser examinados, y en cuya sentencia debemos descansar, no es otro que el Espíritu Santo, que habla en la Escritura[1].

[1]Mt. 22:29,31; Ef.. 2:20 con Hch. 28:25.

Capítulo II

De Dios y de la Santa Trinidad

I. No hay sino un solo Dios[1], vivo y verdadero[2], infinito en su ser y perfección[3], espíritu puro[4], invisible[5], sin cuerpo, partes[6] o pasiones[7], inmutable[8], inmenso[9], eterno[10], incomprensible[11], todopoderoso[12], sapientísimo[13], santísimo[14], libre[15], absoluto[16], que hace todas las cosas según el consejo de su propia voluntad, la cual es inmutable y justísima[17], y para su propia gloria[18]; es amoroso[19], benigno y misericordioso, paciente, abundante en bondad y verdad, perdonador de la iniquidad, la transgresión y el pecado[20]; galardonador de todos los que le buscan con diligencia[21] y, sobre todo, muy justo y terrible en sus juicios[22], que odia todo pecado[23] y que de ninguna manera dará por inocente al culpable[24].

[1]Dt. 6:4; 1 Co. 8:4,6.
[2]1 Ts. 1:9; Jer. 10:10.
[3]Job 11:7-9 y 26:14.
[4]Jn. 4:24.
[5]1 Ti. 1:17.
[6]Dt 4:15,16; Lc. 24:39; Jn. 4:24.

[7]Hch. 14:11,15.
[8]Stg. 1:17; Mal. 3:6.
[9]1 R. 8:27; Jer. 23:23,24.
[10]Sal. 90:2; 1 Ti. 1:17.
[11]Sal. 145:3.
[12]Gn. 17:1; Ap. 4:8.
[13]Ro. 16:27.
[14]Is. 6:3; Ap. 4:8.
[15]Sal. 115:3.
[16]Éx. 3:14.
[17]Ef. 1: 11.
[18]Pr. 16:4; Ro. 11:36.
[19]1 Jn. 4:8,16.
[20]Éx. 34:6,7.
[21]He. 11:6.
[22]Neh. 9:32,33.
[23]Sal. 5:5,6.
[24]Neh. 1:2,3; Éx. 34:7.

II. Dios posee en sí mismo y por sí mismo toda vida[1], gloria[2], bondad[3] y bienaventuranza[4]; es suficiente en todo, en sí mismo y respecto a sí mismo, no teniendo necesidad de ninguna de las criaturas que Él ha hecho[5] ni derivando ninguna gloria de ellas[6], sino que solamente manifiesta su propia gloria en ellas, por ellas, hacia ellas y sobre ellas. Él es la única fuente de todo ser, de quien, por quien y para quien son todas las cosas[7], teniendo sobre ellas el más soberano dominio, y haciendo por ellas, para ellas y sobre ellas toda su voluntad[8]. Todas las cosas están abiertas y manifiestas delante de su vista[9]; su conocimiento es infinito, infalible e independiente de toda criatura[10] de modo que para Él no hay ninguna cosa contingente o incierta[11]. Es santísimo en todos sus propósitos, en todas sus obras y en todos sus mandatos[12]. A él se deben todo culto, adoración, servicio y obediencia que tenga a bien exigir de los ángeles, de los hombres y de toda criatura[13].

[1]Jn. 5:26.
[2]Hch.7:2.
[3]Sal. 119:68.
[4]1 Ti. 6:15; Ro. 9:5.
[5]Hch. 17:24,25.
[6]Job 22:2,3.
[7]Ro. 11:36.
[8]Ap. 4:11; Dn. 4:25,35; 1 Ti. 6:15.
[9]He. 4:13.
[10]Ro. 11:33,34; Sal. 147:5.
[11]Hch. 15:18; Ez. 11:5.
[12]Sal. 145:17; Ro. 7:12.
[13]Ap. 5:12-14.

III. En la unidad de la Divinidad hay tres personas, de una sustancia, poder y eternidad; Dios Padre, Dios Hijo y Dios Espíritu Santo[1]. El Padre no es engendrado ni procede de nadie; el Hijo es eternamente engendrado del Padre[2], y el Espíritu Santo procede eternamente del Padre y del Hijo[3].

[1]1 Jn. 5:7; Mt.. 3:16,17 y 28:19; 2 Co. 13:14.
[2]Jn. 1:14,18.
[3]Jn. 15:26; Gá. 4:6.

Capítulo III

Del decreto eterno de Dios

I. Dios, desde la eternidad, por el sabio y santo consejo de su voluntad, ordenó libre e inalterablemente todo lo que sucede[1]; sin embargo, lo hizo de tal manera que ni Él es autor del pecado[2], ni hace violencia a la voluntad de las criaturas, ni quita la libertad o contingencia de las causas segundas, sino que las establece[3].

[1]Ef. 1:11; Ro. 11:33; 9:15,18; He. 6:17.
[2]Stg. 1:13,17; 1 Jn. 1:5.
[3]Hch. 2:23; 4:27,28; Mt.. 17:12; Jn. 19:11; Pr. 16:33.

II. Aunque Dios sabe todo lo que pudiera o puede pasar en todas las condiciones supuestas[1], nada ha decretado porque lo previó como futuro, o porque había de suceder en dichas condiciones[2].

[1]Hch. 15:18; 1 S. 23:11-12; Mt.. 11:21,23.
[2]Ro. 9:11,13,16,18.

III. Por el decreto de Dios, y para manifestación de su gloria, algunos hombres y ángeles[1] son predestinados para vida eterna, y otros preordinados para muerte eterna[2].

[1] 1 Ti. 5:21; Mt.. 25:41.
[2] Ro. 9:22-23; Ef.. 1:5-6; Pr. 16:4.

IV. Estos ángeles y hombres así predestinados y preordinados, están designados particular e inalterablemente; y su número es tan cierto y definido, que no se puede ni aumentar ni disminuir[1],

[1] 2 Ti. 2:19; Jn. 13:18.

V. A aquellos de la Humanidad que están predestinados para vida, Dios, antes de establecer los fundamentos del mundo, según su eterno e inmutable propósito, y el secreto consejo de su voluntad, los escogió en Cristo para gloria eterna[1], por libre gracia y amor, sin previsión de fe o buenas obras, o perseverancia en cualquiera de ellas, o de cualquier otra cosa en la criatura, como condiciones o causas que le muevan a ello[2]. Y todo esto para la alabanza de su gloriosa gracia[3].

[1] Ef. 1:4,9,11; Ro. 8:30; 2 Ti. 1:9; 1 Ts. 5:9.
[2] Ro. 9:11,13,16; Ef.. 1:4,9.
[3] Ef. 1:6,12.

VI. Así como Dios ha designado a los elegidos para la gloria, de la misma manera, por el propósito libre y eterno de su voluntad, ha preordinado los medios para ello[1]. Por tanto, los que son elegidos, estando caídos en Adán, son redimidos por Cristo[2]; son eficazmente llamados a la fe en

Cristo por el Espíritu Santo que obra en su momento; son justificados, adoptados, santificados[3] y guardados por su poder, mediante la fe, para salvación[4]. Nadie será redimido por Cristo, eficazmente llamado, justificado, adoptado, santificado y salvado, excepto solo los elegidos[5].

[1]1 P. 1:2; Ef.. 1:4,5; 2:10; 2 Ts. 2:13.
[2]1 Ts. 5:9,10; Tit. 2:14.
[3]Ro. 8:30; Ef.. 1:5; 2 Ts. 2:13.
[4]1 P. 1:5.
[5]Jn. 17:9; Ro. 8:28-39; Jn. 6:64,65; 8:47 y 10:26; 1 Jn. 2:19.

VII. Al resto de la Humanidad Dios ha querido pasarla por alto, según el consejo inescrutable de su propia voluntad, por el cual otorga su misericordia o la retiene como quiere, para la gloria de su soberano poder sobre sus criaturas, destinándolas a deshonra e ira por causa de sus pecados, para alabanza de su gloriosa justicia[1].

[1]Mt. 11:25,26; Ro. 9:17,18,21,22; 2 Ti. 2:19,20; Jud. 4; 1 P. 2:8.

VIII. La doctrina de este alto misterio de la predestinación debe tratarse con especial prudencia y cuidado[1], para que los hombres, al atender a la voluntad de Dios revelada en su Palabra, y al prestar obediencia a ella, puedan, por la certeza de su llamamiento eficaz, estar seguros de su elección eterna[2]. De este modo, esta doctrina proporcionará motivos de alabanza, reverencia y admiración a Dios[3]; y humildad, diligencia y abundante consuelo a todos los que sinceramente obedecen al Evangelio[4].

[1]Ro. 9:20 y 11:33; Dt. 29:29.
[2]2 P. 1:10.
[3]Ef. 1:6; Ro. 11:33.
[4]Ro. 11:5,6,20 y 8:33; Lc. 10:20; 2 P. 1:10.

Capítulo IV

De la Creación

I. Agradó a Dios Padre, Hijo y Espíritu Santo[1] para la manifestación de la gloria de su poder, sabiduría y bondad eternas[2], crear o hacer de la nada, en el principio, el mundo y todas las cosas que en él hay, ya sean visibles o invisibles, en el lapso de seis días, y todas ellas muy buenas[3].

[1]He. 1:2; Jn. 1:2,3; Gn. 1:2; Job 26:13 y 33:4.
[2]Ro. 1:20; Jer. 10:12; Sal. 104:24; Sal. 33:5,6.
[3](Gn. 1); He. 11:3; Col. 1:16; Hch. 17:24.

II. Después que Dios hubo creado todas las demás criaturas, creó al hombre, varón y hembra[1], con alma racional e inmortal[2], dotados de conocimiento, justicia y verdadera santidad, según la propia imagen[3] de Dios, teniendo su Ley escrita en el corazón[4], y capacitados para cumplirla[5]; y sin embargo con la posibilidad de transgredirla, por haber sido dejados en la libertad de su voluntad, que era mutable[6]. Además de la Ley escrita en su corazón, recibieron el mandato de no comer del árbol de la ciencia del bien y del mal, y mientras obedecieron fueron felices en su comunión con Dios[7], y tuvieron dominio sobre las criaturas[8].

[1]Gn. 1:27.
[2]Gn. 2:7 con Ec. 12:7 y Lc. 23:43; Mt.. 10:28.
[3]Gn. 1:26; Col. 3:10; Ef.. 4:24.
[4]Ro. 2:14,15.
[5]Ec. 7:29.
[6]Gn. 3:6; Ec. 7:29.
[7]Gn. 2:17; 3:8-11,23.
[8]Gn. 1:26,28.

Capítulo V

De la Providencia

I. Dios, el gran Creador de todo, sostiene[1], dirige, dispone y gobierna a todas las criaturas, acciones y cosas[2], desde la más grande hasta la más pequeña[3], por su muy sabia y santa providencia[4], según su inefable presciencia[5], y el libre e inmutable consejo de su voluntad[6], para la alabanza de la gloria de su sabiduría, poder, justicia, bondad y misericordia[7].

[1]He. 1:3.
[2]Dn. 4:34,35; Sal. 135:6; Hch. 17:25,26,28; Job 38; 39; 40 y 41.
[3]Mt. 10:29-31.
[4]Pr. 15:3; Sal. 145:17 y 104:24.
[5]Hch. 15:18; Sal. 94:8-11.
[6]Ef. 1:11; Sal. 33:10,11.
[7]Ef. 3:10; Ro. 9:17; Sal. 145:7; Is. 63:14; Gn. 45:7.

II. Aunque en relación con la presciencia y el decreto de Dios, causa primera, todas las cosas suceden de modo infalible e inmutable[1], sin embargo, por la misma providencia, las ha ordenado de manera que ocurren según la naturaleza de las causas segundas, sea necesaria, libre o contingentemente[2].

[1]Hch. 2:23.
[2]Gn. 8:22; Jer. 31:35; Éx. 21:13 con Dt. 19:5; 1 R. 22:28,34; Is. 10:26,7.

III. Dios, en su providencia ordinaria, hace uso de medios[1], pero es libre de obrar sin ellos[2], por encima de ellos[3] y contra ellos[4], según le plazca.

[1]Hch. 27:31,44; Is. 55:10,ll; Os. 2:21,22.
[2]Os. 1:7; Mt.. 4:4; Job. 34:10.
[3]Ro. 4:19-21.
[4]2 R. 6:6; Dn. 3:27.

IV. El poder supremo, la sabiduría inescrutable y la bondad infinita de Dios se manifiestan en su providencia, de tal manera que esta se extiende aun hasta la primera caída y a todos los otros pecados de los ángeles y de los hombres[1], y esto no por un mero permiso[2], sino por haberlos unido con un lazo muy sabio y poderoso[3], ordenándolos y gobernándolos en una administración múltiple para sus propios fines santos[4]; pero de tal modo que lo pecaminoso procede solo de la criatura, y no de Dios, quien siendo justísimo y santísimo, no es, ni puede ser, el autor o aprobador del pecado[5].

[1]Ro. 11:32-34; 2 S. 24:1; 1 Cr. 21:1; 1 R. 22:22,23; 1 Cr. 10:4,13; 2 S. 16:10; Hch. 2:23; Hch. 4:27,28.
[2]Hch. 14:16.
[3]Sal. 76:10; 2 R. 19:28.

[4]Gn. 1:20; Is. 10:6,7,12.
[5]1 Jn. 2:16; Sal. 50:21; Stg. 1:13,14,17.

V. El muy sabio, justo y benigno Dios, a menudo deja por algún tiempo a sus hijos en diversas tentaciones y en la corrupción de su propio corazón, a fin de disciplinarlos por sus pecados anteriores, o para descubrirles la fuerza oculta de la corrupción y la doblez de su corazón, para que sean humildes[1], y para elevarlos a una más íntima y constante dependencia a fin de que se apoyen en Él y sean más vigilantes en todas las ocasiones futuras de pecado, y para otros muchos fines santos y justos[2].

[1]2 Cr. 32:25,26,31; 2 S. 24:1.
[2]2 Co. 12:7-9; Sal. 73, 77:1,10,12; Mr. 14:66-72 con Jn. 21:15-17.

VI. En cuanto a aquellos hombres malvados e impíos a quienes Dios, como Juez justo, ha cegado y endurecido[1] a causa de sus pecados anteriores, no solo les niega su gracia, por la cual su entendimiento podría haber sido alumbrado y su corazón tocado[2], sino que también a veces les retira los dones que ya tenían[3], y los expone a cosas que la corrupción de ellos convierte en ocasión de pecado[4], y a la vez los entrega a sus propias concupiscencias, a las tentaciones del mundo y al poder de Satanás[5]; por lo cual sucede que se endurecen aun bajo los mismos medios que Dios emplea para ablandar a otros[6].

[1]Ro. 1:24,26,28 y 11:7,8.
[2]Dt.29:4.
[3]Mt. 13:12; 25:29.
[4]Dt. 2:30; 2 R. 8:12,13.

[5]Sal. 81:11,12; 2 Ts. 2:10-12.

[6]Éx. 7:3; 8:15,32; 2 Co. 2:15,16; Is. 8:14; 1 P. 2:7,8; Is. 6:9,10 con Hch. 28:26,27.

VII. Del mismo modo que la providencia de Dios alcanza a todas las criaturas, así también de un modo especial cuida de su Iglesia y dispone todas las cosas para el bien de la misma[1].

[1]1 Ti. 4:10; Am. 9:8,9; Ro. 8:28; Is. 43:3-5,14.

Capítulo VI

De la caída del hombre
Del pecado y su castigo

I. Nuestros primeros padres, seducidos por la sutileza y tentación de Satanás, pecaron al comer del fruto prohibido[1]. Quiso Dios, conforme a su santo propósito, permitir este pecado habiéndose propuesto ordenarlo para su propia gloria[2].

[1]Gn. 3:13; 2 Co. 11:3.
[2]Ro. 11:32.

II. Por este pecado cayeron de su rectitud original y perdieron la comunión con Dios[1]; por tanto quedaron muertos en el pecado[2] y totalmente corrompidos en todas las facultades y partes del alma y del cuerpo[3].

[1]Gn. 3:6-8; Ec. 7:29; Ro. 3:23.
[2]Gn. 2:17; Ef.. 2:1.
[3]Tit. 1:15; Gn. 6:5; Jer. 17:9; Ro. 3:10-18.

III. Siendo ellos la raíz del género humano, la culpa de este pecado fue imputada[1], y la misma muerte en el pecado, y la naturaleza corrompida, se transmitieron a su posteridad, que por generación ordinaria desciende de ellos[2].

[1]Hch. 17:26 con Ro. 5:12,15-19 y 1 Co. 15:21,22,49; Gn. 1:27,28; Gn. 2:16,17.
[2]Sal. 51:5; Gn. 5:3; Job 14:4 y 15:14.

IV. De esta corrupción original, por la cual estamos completamente impedidos, y somos incapaces y opuestos a todo bien[1], y enteramente inclinados a todo mal[2], proceden todas las transgresiones actuales[3].

[1]Ro. 5:6; 8:7 y 7:18; Col. 1:21.
[2]Gn. 6:5; 8:21; Ro. 3:10-12.
[3]Stg. 1:14,15; Mt.. 15:19; Ef.. 2:2,3.

V. Esta corrupción de la naturaleza permanece durante esta vida en aquellos que son regenerados[1]; y aun cuando sea perdonada y amortiguada por medio de la fe en Cristo, en sí misma y en sus efectos es verdadera y propiamente pecado[2].

[1]Jn. 1:8,10; Ro. 7:14,17,18,23; Stg. 3:2; Pr. 20:9; Ec. 7:20.
[2] Ro. 7:5,7,8,25; Gá. 5:17.

VI. Todo pecado, ya sea original o actual, siendo una transgresión de la justa Ley de Dios y contrario a ella[1], por su propia naturaleza trae culpabilidad sobre el pecador[2], por lo que este queda bajo la ira de Dios[3] y de la maldición de la Ley[4], Y, por tanto, sujeto a la muerte[5], con todas las miserias espirituales[6], temporales[7] y eternas[8].

[1]Jn. 3, 4.
[2]Ro. 2:15; 3: 9, 19.
[3]Ef. 2:3.
[4]Gá. 3:10.
[5]Ro. 6:23.
[6]Ef. 4:18.
[7]Lm. 3:39; Ro. 7:20.
[8]Mt. 25:41; 2 Ts. 1:9.

Capítulo VII

Del pacto de Dios con el hombre

I. La distancia entre Dios y la criatura es tan grande., que aun cuando las criaturas racionales le deben obediencia en cuanto Creador, no podrán tener disfrute de Él como bienaventuranza o galardón, a no ser por una condescendencia voluntaria por parte de Dios, habiéndole placido a Él expresarla por medio de pacto[1].

[1]Job. 9:32,33; Sal. 113:5,6; Hch. 17:24,25; Is. 40:13-17; 1 S. 2:25; Sal. 100:2,3; Job 22:2, 3; 35:7,8; Lc. 17:10.

II. El primer pacto hecho con el hombre fue un pacto de obras[1], en el que se prometía la vida a Adán, y en este a su posteridad[2], bajo la condición de una obediencia personal perfecta[3].

[1]Gá. 3:12.
[2]Ro. 10:5; 5:12-20.
[3]Gn. 2:17; Gá. 3:10.

III. El hombre, por su caída, se hizo incapaz para la vida que tenía mediante aquel pacto, por lo que agradó a Dios hacer un segundo pacto[1], llamado comúnmente pacto de gracia, según el cual Dios ofrece libremente a los pecadores vida y salvación por Cristo, requiriéndoles la fe en Él para que puedan ser salvos[2] y prometiendo dar su Espíritu Santo a todos aquellos que ha ordenado para vida, concediéndoles así voluntad y capacidad para creer[3].

[1]Gá. 3:21; Ro. 8:3; 3:20,21; Is. 42:6; Gn. 3:15.
[2]Mr. 16:15,16; Jn. 3:16; Ro. 10:6,9; Gá. 3:11.
[3]Ez 36:26,27; Jn. 6:44,45.

IV. Este pacto de gracia se presenta con frecuencia en las Escrituras con el nombre de Testamento, con referencia a la muerte de Jesucristo —el Testador— y a la herencia eterna, con todas las cosas que pertenecen a la misma, según han sido legadas en ella[1].

[1]He. 9:15-17 y 7:22; Lc. 22:20; 1 Co. 11:25.

V. Este pacto fue administrado de modo diferente en la época de la Ley, y en la del Evangelio[1]: bajo la Ley se administraba mediante promesas, profecías, sacrificios, la circuncisión, el cordero pascual y otros tipos y ordenanzas entregados al pueblo judío; todos los cuales señalaban al Cristo que había de venir[2], y eran suficientes y eficaces en aquel tiempo, por la operación del Espíritu Santo, para instruir y edificar a los elegidos en la fe en el Mesías prometido[3], por quien tenían plena remisión de pecados y salvación eterna. A este pacto se le llama el Antiguo Testamento[4].

[1]2 Co. 3:6-9.
[2]He. 8,9 y 10; Ro. 4:11; Col. 2:11,12; 1 Co. 5:7.
[3]1 Co. 10:1-4; He. 11:13; Jn. 8:56.
[4]Gá. 3:7, 8, 9, 14.

VI. Bajo el Evangelio, cuando Cristo, la sustancia[1], fue manifestado, las ordenanzas en las que se dispensa este pacto son la predicación de la Palabra y la administración de los sacramentos del bautismo y la cena del Señor[2]; y aun cuando sean menos en número y estén administradas con más sencillez y menos gloria exterior, sin embargo, en ellas el pacto se muestra a todas las naciones, así a los judíos como a los gentiles[3], con más plenitud, evidencia y eficacia espiritual[4], y se le llama el Nuevo Testamento[5]. Con todo, no hay dos pactos de gracia diferentes en sustancia, sino uno y el mismo bajo diversas dispensaciones[6].

[1]Col. 2:17.
[2]Mt. 28:19,20; 1 Co. 11:23-25.
[3]Mt. 28:19; Ef.. 2:15-19.
[4]He. 12:22-27; Jer. 31:33,34.
[5]Lc. 22:20.
[6]Gá. 3:14,16; Hch. 15:11; Ro. 3:21,22,23 y 30; Sal. 32:1 con Ro. 4:3,6,16,17,23 y 24; He. 13:8.

Capítulo VIII

De Cristo, el Mediador

I. Agradó a Dios, en su propósito eterno, escoger y ordenar al Señor Jesús, su unigénito Hijo, para que fuera el Mediador entre Dios y el hombre[1]; Profeta[2], Sacerdote[3] y Rey[4]; el Salvador y Cabeza de su Iglesia[5]; el Heredero de todas las cosas[6] y Juez de todo el mundo[7]; y a quien desde la eternidad le dio un pueblo que fuera su simiente[8], a fin de que a su tiempo lo redimiera, llamara, justificara, santificara y glorificara[9].

[1]Is. 42:1; 1 P. 1:19,20; Jn. 3:16; 1 Ti. 2:5.
[2]Hch. 3:22.
[3]He. 5:5,6.
[4]Sal. 2:6; Lc. 1:33.
[5]Ef. 5:23.
[6]He. 1:2.
[7]Hch. 17:31.
[8]Jn. 17:6; Sal. 22:30; Is. 53:10.
[9]1 Ti. 2:6; Is. 55:4,5; 1 Co. 1:30.

II. El Hijo de Dios, segunda persona de la Trinidad, siendo verdadero y eterno Dios, igual y de una sustancia con el Padre, habiendo llegado la plenitud del tiempo, tomó sobre sí la naturaleza humana[1] con todas sus propiedades esenciales y con sus debilidades comunes, aunque sin pecado[2]. Fue concebido por el poder del Espíritu Santo en el vientre de la virgen María, de la sustancia de ella[3]. Así que dos naturalezas completas, perfectas y distintas, la divina y humana, se unieron inseparablemente en una Persona, pero sin conversión, composición o confusión alguna[4]. Esta Persona es verdadero Dios y verdadero hombre, un solo Cristo, el único Mediador entre Dios y el hombre[5].

[1]Jn. 1:1,14; 1 Jn. 5:20; Fil. 2:6; Gá. 4:4.
[2]He. 2:14,16,17 y 4:15.
[3]Lc. 1:27,31,35; Gá. 4:4.
[4]Lc. 1:35; Col. 2:9; Ro. 9:5; 1 Ti. 3:16; 1 P. 3:18.
[5]Ro. 1:3,4; 1 Ti. 2:5

III. El Señor Jesús, en su naturaleza humana, así unida a la divina, fue ungido y santificado con el Espíritu Santo sobre toda medida[1], y posee todos los tesoros de la sabiduría y del conocimiento[2], pues agradó al Padre que en Él habitase toda plenitud[3], a fin de que siendo santo, inocente, sin mancha, lleno de gracia y de verdad[4], fuese del todo apto para desempeñar el oficio de Mediador y Fiador[5]. Cristo no tomó por sí mismo este oficio, sino que fue llamado para ello por su Padre[6], quien puso en sus manos todo juicio y poder, y le ordenó que lo cumpliera[7].

[1]Sal. 45:7; Jn. 3:34.
[2]Col. 2:3.
[3]Col. 1:19.

[4]He. 7:26 y Jn. 1:14.
[5]Hch. 10:38; He. 12:24 y 7:22.
[6]He. 5:4,5.
[7]Jn. 5:22, 27; Mt.. 28:18; Hch. 2:36.

IV. El Señor Jesús asumió de buena voluntad este oficio[1], y para desempeñarlo se sujetó a la Ley[2] y la cumplió perfectamente[3]; padeció los más crueles tormentos en su alma[4], y los más dolorosos sufrimientos en su cuerpo[5]; fue crucificado y murió[6], fue sepultado y permaneció bajo el poder de la muerte, aunque sin experimentar la corrupción[7]. Al tercer día se levantó de entre los muertos[8] con el mismo cuerpo que tenía cuando sufrió[9], con el cual también ascendió al Cielo, quedando allí sentado a la diestra del Padre[10], intercediendo[11]; y cuando sea el fin del mundo, volverá para juzgar a los hombres y a los ángeles[12].

[1]Sal. 40:7,8 con He. 10:5,10; Fil. 2:8; Jn. 10:18.
[2]Gá. 4:4.
[3]Mt. 3:15 y 5:17.
[4]Mt. 26:37,38 y 27:46; Lc. 22:44.
[5]Mt. 26,27.
[6]Fil. 2:8.
[7]Hch. 2:23,24,27 y 13:37; Ro. 6:9.
[8]1 Co. 15:3,4.
[9]Jn. 20:25,27.
[10]Mr. 16:19.
[11]Ro. 8:34; He. 9:24 y 7:25.
[12]Ro. 14:9,10; Hch. 1:11 y 10:42; Mt.. 13:40-42; Jud. 6; 2 P. 2:4.

V. El Señor Jesús, por su perfecta obediencia y el sacrificio de sí mismo, que ofreció a Dios una sola vez por el Espíritu eterno, ha satisfecho plenamente la justicia del Padre[1], y compró para aquellos que el Padre le había dado, no solo la reconciliación, sino también una herencia eterna en el Reino de los cielos[2].

[1]Ro. 5:19 y 3:25,26; He. 9:14,16 y 10:14; Ef.. 5:2.
[2]Ef. 1:11,14; Jn. 17:2; He. 9:12,15; Dn. 9:24,26; Col. 1:10,20.

VI. Aunque la obra de la redención no quedó terminada por Cristo hasta después de su encarnación, la virtud, la eficacia y los beneficios de ella fueron comunicados a los elegidos en todas las épocas transcurridas desde el principio del mundo, en y por medio de las promesas, los tipos y los sacrificios, en los cuales se reveló y señaló a Cristo como la Simiente de la mujer que heriría a la serpiente en la cabeza, y como el Cordero inmolado desde el principio del mundo, siendo el mismo ayer, hoy y por siempre[1].

[1]Gá. 4:4,5; Gn. 3:15; Ap. 13:8; He. 13:8.

VII. Cristo, en la obra de mediación, actúa conforme a ambas naturalezas, haciendo por medio de cada naturaleza lo que es propio de ella[1]; aunque por razón de la unidad de la Persona, lo que es propio de una naturaleza, algunas veces se atribuye en la Escritura a la Persona dominada por la otra naturaleza[2].

[1]1 P. 3:18; He. 9:14.
[2]Hch.: 20:28; Jn. 3:13; 1 Jn. 3:16.

VIII. A todos aquellos para quienes Cristo compró la redención, se la aplica cierta y eficazmente[1]; intercediendo por ellos[2], revelándoles en la Palabra y por medio de ella los misterios de la salvación[3]; persuadiéndolos eficazmente por su Espíritu a creer y a obedecer, y gobernando sus corazones por su Palabra y Espíritu[4], venciendo a todos sus enemigos con su gran poder y sabiduría, del modo y la manera que estén más en consonancia con su maravillosa e inescrutable dispensación[5].

[1]Jn. 6:37,39 y 10:15,16.
[2]1 Jn. 2:1,2; Ro. 8:34.
[3]Jn. 15:13,15 y 17:6; Ef.. 1:7-9.
[4]2 Co. 4:13; Ro. 8:9,14; 15:18, 19; Jn. 17:17 y 14:16.
[5]Sal. 110:1; 1 Co. 15:25,26; Mal. 4:2,3; Col. 2:15.

Capítulo IX

Del libre albedrío

I. Dios ha dotado a la voluntad del hombre de aquella libertad natural que no es forzada ni determinada hacia el bien o hacia el mal por ninguna necesidad absoluta de la naturaleza[1].

[1]Mt. 17:12; Stg. 1:14; Dt. 30:19.

II. El hombre, en su estado de inocencia, tenía libertad y poder para querer y hacer lo que es bueno y agradable a Dios[1], pero era mutable y podía caer de dicho estado[2].

[1]Ec. 7:29; Gn. 1:26.
[2]Gn. 2:16,17 y 3:6.

III. El hombre, por su caída al estado de pecado, ha perdido absolutamente toda capacidad para querer cualquier bien espiritual que acompañe a la salvación[1] y, por consiguiente, como hombre natural que está enteramente opuesto a ese bien[2] y muerto en el pecado[3], no puede por su propia fuerza convertirse a sí mismo o prepararse para la conversión[4].

[1]Ro. 5:6 y 8:7; Jn. 15:5.
[2]Ro. 3:10, 12.
[3]Ef. 2:1,5; Col. 2:13.
[4]Jn. 6:44,65; 1 Co. 2:14; Ef.. 2:2-5; Tit. 3:3-5.

IV. Cuando Dios convierte a un pecador y le traslada al estado de gracia, lo libra de su estado de servidumbre natural bajo el pecado[1], y por su sola gracia lo capacita para querer y obrar libremente lo que es espiritualmente bueno[2]; pero, a pesar de ello, por razón de la corrupción que aún le queda a ese pecador, este no quiere solamente y de un modo perfecto lo que es bueno, sino que también quiere lo que es malo[3].

[1]Col. 1:13; Jn. 8:34,36.
[2]Fil. 2:13; Ro. 6:18,22.
[3]Gá. 5:17; Ro. 7:15,18,19,21,23.

.

V. Únicamente en el estado de gloria se hace perfecta e inmutablemente libre la voluntad del hombre para ejecutar tan solo aquello que es bueno[1].

[1]Ef. 4:13; Jud. 24; He. 12:23; 1 Jn. 3:2.

Capítulo X

Del llamamiento eficaz

I. A todos aquellos a quienes Dios ha predestinado para vida, y a ellos solamente, tiene a bien el Señor, en su tiempo señalado y aceptado, llamar eficazmente[1] por su Palabra y Espíritu[2], sacándolos del estado de pecado y muerte en que están por naturaleza y llevándolos a la gracia y salvación por Jesucristo[3]; iluminando de modo espiritual y salvador su entendimiento, a fin de que comprendan las cosas de Dios[4], quitándoles el corazón de piedra y dándoles uno de carne[5]; renovando su voluntad y, por su potencia todopoderosa, induciéndoles a lo que es bueno[6], acercándoles eficazmente a Jesucristo[7]; pero de modo que vayan con total libertad, habiendo recibido por la gracia de Dios la voluntad de hacerlo[8].

[1]Ro. 8:30 y 11:7; Ef.. 1:10,11.
[2]2 Ts. 2:13,14; 2 Co. 3:3,6.
[3]Ro. 8:2; 2 Ti. 1:9,10; Ef.. 2:1-5.
[4]Hch. 26:18; 1 Co. 2:10,12; Ef.. 1:17,18.
[5]Ez. 36:26.

[6]Ez. 11:19; Fil. 2:13; Dt. 30:6; Ez. 36:27.
[7]Ef. 1:19; Jn. 6:44,45.
[8]Cnt. 1:4; Sal. 110:3; Jn. 6:37; Ro. 6:16-18.

II. Este llamamiento eficaz proviene solamente de la libre y especial gracia de Dios, y no de cualquier otra cosa prevista en el hombre[1], el cual es en esto enteramente pasivo, hasta que siendo vivificado y renovado por el Espíritu Santo[2], se le capacita así para responder a ese llamamiento y para recibir la gracia ofrecida y transmitida en él[3].

[1]2 Ti. 1:9; Tit. 3:4,5; Ro. 9:11; Ef.. 2:4,5,9 y 8.
[2]1 Co. 2:14; Ro. 8:7; Ef.. 2:5.
[3]Jn. 6:37; Ez. 36:27; Jn. 5:25.

III. Los niños elegidos que mueren en la infancia son regenerados y salvados por Cristo por medio del Espíritu[1], quien obra cuando, donde y como quiere[2]. En la misma condición están todas las personas elegidas que sean incapaces de ser llamadas externamente por el ministerio de la Palabra[3].

[1]Lc. 18:15,16; Hch. 2:38,39; Jn. 3:3,5; 1 Jn. 5:12; Ro. 8:9 (comparados).
[2]Jn. 3:8.
[3]1 Jn. 5:12; Hch. 4:12.

IV. Las personas no elegidas, aunque sean llamadas por el ministerio de la Palabra[1] y tengan algunas de las manifestaciones comunes del Espíritu[2], nunca acuden verdaderamente a Cristo y, por tanto, no pueden ser salvas[3]; y mucho menos pueden serlo de otra manera aquellas que no profesan la religión cristiana, aun cuando sean dili-

ley de la religión que profesen[4]; y el afirmar y sostener que lo pueden lograr así, es muy pernicioso y detestable[5].

[1]Mt. 22:14.
[2]Mt. 7:22 y 13:20,21; He. 6:4,5.
[3]Jn. 6:64-66 y 8:24.
[4]Hch. 4:12; Jn. 14:6; Ef.. 2:12; Jn. 4:22 y 17:3.
[5]2 Jn. 9-11; 1 Co. 16:22; Gá. 1:6-8.

Capítulo XI

De la justificación

I. A quienes Dios llama de una manera eficaz, también justifica gratuitamente[1], no infundiendo justicia en ellos, sino perdonándoles sus pecados, y contando y aceptando su persona como justa; no por algo obrado en ellos o hecho por ellos, sino solamente por causa de Cristo; no por imputarles la fe misma, ni el acto de creer, ni ninguna otra obediencia evangélica como justicia, sino imputándoles la obediencia y satisfacción de Cristo[2]; y ellos le reciben y descansan en Él y en su justicia, por la fe. Esta fe no la tienen de ellos mismos: es un don de Dios[3].

[1]Ro. 8:30 y 3:24.

[2]Ro. 4:5-8; 2 Co. 5:19,21; Ro. 3:22,24,25,27,28; Tit. 3:5,7; Ef.. 1:7; Jer. 23:6; 1 Co. 1:30,31; Ro. 5:17-19.

[3]Hch. 10:44; Gá. 2:16; Fil. 3:9; Hch. 13:38,39; Ef.. 2:7,8.

II. La fe, que así recibe y descansa en Cristo y en su justicia, es el único instrumento de justificación[1]; aunque no está sola en la persona justificada, sino que siempre va acompañada por todas las otras gracias salvadoras, y no es fe muerta, sino que obra por el amor[2].

[1]Jn. 1:12; Ro. 3:28 y 5:1.
[2]Stg. 2:17,22,26; Gá. 5:6.

III. Cristo, por su obediencia y muerte, saldó totalmente la deuda de todos aquellos que así son justificados, e hizo una adecuada, real y completa satisfacción a la justicia de su Padre, en favor de ellos[1]. Sin embargo, por cuanto Cristo fue dado por el Padre para los justificados[2], y su obediencia y satisfacción fueron aceptadas en lugar de las de ellos[3], y esto gratuitamente, y no por algo que hubiera en los justificados, su justificación es solamente de pura gracia[4]; a fin de que tanto la rigurosa justicia, como la rica gracia de Dios, puedan ser glorificadas en la justificación de los pecadores[5].

[1]Ro. 5:8-10,19; 1 Ti. 2:5,6; He. 10:10,14; Dn. 9:24,26; Is. 53:4-6,10-12.
[2]Ro. 8:32.
[3]2 Co. 5:21; Mt.. 3:17; Ef.. 5:2.
[4]Ro. 3:24; Ef.. 1:7.
[5]Ro. 3:26; Ef.. 2:7.

IV. Desde la eternidad, Dios decretó justificar a todos los elegidos[1]; y en el cumplimiento del tiempo, Cristo murió por los pecados de ellos, y resucitó para su justificación[2]. Sin embargo, los elegidos no son justificados hasta que el Espíritu Santo, en el momento debido, les hace realmente partícipes de Cristo[3].

[1]Gá. 3:8; 1 P. 1:2,19,20; Ro. 8:30.

[2]Gá. 4:4; 1 Ti. 2:6; Ro. 4:25.
[3]Col. 1:21,22; Gá. 2:16; Tit. 3:4-7.

V. Dios continúa perdonando los pecados de aquellos que son justificados[1]; y aunque ellos nunca pueden caer del estado de justificación[2], sin embargo pueden, por sus pecados, caer en el desagrado paternal de Dios y no tener la luz de su rostro restaurada sobre ellos hasta que se humillen, confiesen sus pecados, pidan perdón y renueven su fe y su arrepentimiento[3].

[1]Mt. 6:12; 1 Jn. 1:7,9 y 2:1,2.
[2]Lc. 22:32; Jn. 10:28; He. 10:14.
[3]Sal. 89:31-33; 51:7-12 y 32:5; Mt.. 26:75; 1 Co. 11:30,32; Lc. 1:20.

VI. La justificación de los creyentes en el Antiguo Testamento era, en todos estos respectos, una y la misma que la justificación de los creyentes en el Nuevo Testamento[1].

[1]Gá. 3:9,13,14; Ro. 4:22-24; He. 13:8.

Capítulo XII

De la adopción

I. Dios se digna conceder a todos aquellos que son justificados en y por su único Hijo Jesucristo, que sean partícipes de la gracia de la adopción[1], por la cual son contados en el número de los hijos de Dios y gozan de sus libertades y privilegios[2]; están marcados con su Nombre[3], reciben el Espíritu de adopción[4]; tienen acceso confiadamente al trono de la gracia[5]; están capacitados para clamar: "*Abba*, Padre"[6]; son compadecidos[7], protegidos[8], proveídos[9], y corregidos por Él como por un padre[10], pero nunca desechados[11], sino sellados para el día de la redención[12], y heredan las promesas[13] como herederos de salvación eterna[14].

[1]Ef. 1:5; Gá. 4:4,5.
[2]Ro. 8:17; Jn. 1:12.
[3]Jer. 14:9; 2 Co. 6:18; Ap. 3:12.
[4]Ro.8:15.
[5]Ef. 3:12; Ro. 5:2.
[6]Gá. 4:6.

[7]Sal. 103:13.
[8]Pr. 14:26.
[9]Mt. 6:30,32; 1 P. 5:7.
[10]He. 12.6.
[11]Lm. 3:31.
[12]Ef. 4:30.
[13]He. 6:12.
[14]1 P. 1:3,4; He. 1:14.

Capítulo XIII

De la santificación

I. Aquellos que son llamados eficazmente y regenerados, habiéndose creado en ellos un nuevo corazón y un nuevo espíritu, son además santificados de un modo real y personal, en virtud de la muerte y resurrección de Cristo[1], por su Palabra y Espíritu que mora en ellos[2]. El dominio del pecado sobre el cuerpo entero es destruido[3], y las diversas concupiscencias del mismo debilitadas y mortificadas más y más[4], y los llamados se ven cada vez más fortalecidos y vivificados en todas las gracias salvadoras[5], para la práctica de la verdadera santidad sin la cual ningún hombre verá al Señor[6].

[1] 1 Co. 6:11; Hch. 20:32; Fil. 3:10; Ro. 6:5,6.

[2] Jn. 17:17; Ef.. 5:26; 2 Ts. 2:13.

[3] Ro. 6:6,14.

[4] Gá. 5:24; Ro. 8:13.

[5] Col. 1:11; Ef.. 3:16-19.

[6] 2 Co. 7:1; He. 12:14.

II. Esta santificación se efectúa en toda la persona[1] aunque es incompleta en esta vida; aún quedan algunos remanentes de corrupción en todas partes[2], de donde surge una continua e irreconciliable batalla: la carne lucha contra el Espíritu, y el Espíritu contra la carne[3].

[1]1 Ts. 5:23.
[2]1 Jn. 1:10; Ro. 7:18,23; Fil. 3:12.
[3]Gá. 5:17; 1 P. 2:11.

III. En dicha batalla, aunque la corrupción que aún queda puede prevalecer mucho por algún tiempo[1], la parte regenerada triunfa[2] mediante el continuo suministro de fuerza de parte del Espíritu santificador de Cristo; y así crecen en gracia los santos[3], perfeccionando la santidad en el temor de Dios[4].

[1]Ro. 7:23.
[2]Ro. 6:14; 1 Jn. 5:4; Ef.. 4:15,16.
[3]2 P. 3:18; 2 Co. 3:18
[4]2 Co. 7:1.

Capítulo XIV

De la f e salvadora

I. La gracia de la fe, por la cual se capacita a los elegidos para creer para la salvación de sus almas[1], es obra del Espíritu de Cristo en el corazón de ellos[2] y, ordinariamente, se lleva a cabo por el ministerio de la Palabra[3], mediante el cual, y también por la administración de los sacramentos y por la oración, esa fe se aumenta y se fortalece[4].

[1]He. 10:39.
[2]2 Co. 4:13; Ef.. 1:17-19; 2:8.
[3]Ro. 10:14,17.
[4]1 P. 2:2; Hch. 20:32; Ro. 4:11; Lc. 17:5; Ro. 1:16.

II. Por esta fe, el cristiano cree que es verdadero todo lo revelado en la Palabra, porque la autoridad de Dios mismo habla en ella[1]; y esta fe actúa de manera diferente sobre el contenido de cada pasaje en particular, produciendo obediencia a los mandamientos[2], temblor ante las amenazas[3], y abrazo de las promesas de Dios para esta vida y para la venidera[4]. Pero los principales actos de la fe salvadora son: aceptar, recibir y descansar solo en Cristo para la justificación, santificación y vida eterna, en virtud del pacto de gracia[5].

[1]He. 10:39.
[2]2 Co. 4:13; Ef.. 1:17-19; 2:8.
[3]Ro. 10:14,17.
[4]1 P. 2:2; Hch. 20:32; Ro. 4:11; Lc. 17:5; Ro. 1:16,17.
[5]Jn. 1:12; Gá. 2:20; Hch. 15:11

III. Esta fe es diferente en grados: débil y fuerte[1]; puede ser atacada y debilitada frecuentemente y de muchas maneras, pero resulta victoriosa[2]; y crece en muchos hasta obtener la completa seguridad por medio de Cristo[3], que es el Autor y el Consumador de nuestra fe[4].

[1]He. 5:13,14; Ro. 4:19,20; Mt.. 6:30; 8:10.
[2]Lc. 22:31; Ef.. 6:16; 1 Jn. 5:4,5.
[3]He. 6:11,12; 10:22; Col. 2:2.
[4]He. 12:2.

Capítulo XV

Del arrepentimiento para vida

I. El arrepentimiento para vida es una gracia evangélica[1], y todo ministro del Evangelio debe predicar la doctrina que a ella se refiere tanto como la fe en Cristo[2].

[1]Hch. 11:18; Zac. 12:10.
[2]Lc. 24:47; Mr. 1:15; Hch. 20:21.

II. Al arrepentirse, un pecador se aflige por sus pecados y los aborrece, movido no solo por la contemplación de los mismos y el sentimiento de peligro, sino también por lo inmundos y odiosos que son, como contrarios a la santa naturaleza y la Ley justa de Dios. Y al comprender la misericordia de Dios en Cristo para aquellos que se arrepienten, el pecador se aflige y aborrece sus pecados, de manera que se aparta de todos ellos y se vuelve hacia Dios[1], proponiéndose andar con Él y esforzándose por hacerlo en todos los caminos de sus mandamientos[2].

[1]Ez. 18:30,31 y 36:31; Is. 30:22; Sal. 51:4; Jer. 31:18,19; Jl. 2:12,13; Am. 5:15; Sal. 119:128; 2 Co. 7:11.
[2]Sal. 119:6,59,106; Lc. 1:6; 2 R. 23:25.

III. Aunque no se debe confiar en el arrepentimiento como si fuera una satisfacción por el pecado o una causa de perdón del mismo[1], ya que el perdón es un acto de la pura gracia de Dios en Cristo[2], no obstante, es de tanta necesidad para todos los pecadores que ninguno puede esperar perdón sin arrepentimiento[3].

[1]Ez. 36:31,32 y 16:61-63.
[2]Os. 14:2,4; Ro. 3:24; Ef.. 1:7.
[3]Lc. 13:3,5; Hch. 17:30,31.

IV. Así como no hay pecado tan pequeño que no merezca la condenación[1], tampoco hay pecado tan grande que pueda condenar a los que se arrepienten verdaderamente[2].

[1]Ro. 6:23 y 5:12; Mt.. 12:36.
[2]Is. 55:7 y 1:16,18; Ro. 8:1.

V. Los hombres no deben contentarse con un arrepentimiento general de sus pecados, sino que es el deber de todo hombre procurar arrepentirse específicamente de sus pecados concretos[1].

[1]Sal. 19:13; Lc. 19:8; 1 Ti. 1:13,15.

VI. Todo hombre está obligado a confesar privadamente sus pecados a Dios, orando por el perdón de los mismos[1]; así, y apartándose de ellos, hallará misericordia[2]. Del mismo modo, el que escandaliza a su hermano o a la Iglesia de Cristo, debe estar dispuesto a declarar su arrepentimiento a los ofendidos[3], mediante confesión pública o privada, con tristeza por su pecado; y los ofendidos deberán entonces reconciliarse con él y recibirle con amor[4].

[1]Sal. 32:5,6; 51:4,5,7,9,14.
[2]Pr. 28:13; 1 Jn. 1:9.
[3]Stg. 5:16; Lc. 17:3,4; Jos. 7:19; Sal. 51.
[4]2 Co. 2:8.

Capítulo XVI

De las buenas obras

I. Buenas obras son solamente las que Dios ha ordenado en su santa Palabra[1], y no las que, sin ninguna autoridad para ello, han imaginado los hombres por un fervor ciego o con cualquier pretexto de buena intención[2].

[1]Mi. 6:8; Ro. 12:2; He. 13:21.
[2]Mt. 15:9; Is. 29:13; 1 P. 1:18; Ro. 10:2; Jn. 16:2; 1 S. 15:21-23.

II. Estas buenas obras, hechas en obediencia a los mandamientos de Dios, son los frutos y evidencias de una fe viva y verdadera[1]; y por ellas manifiestan los creyentes su gratitud[2], fortalecen su seguridad[3], edifican a sus hermanos[4], adornan la profesión del Evangelio[5], tapan la boca de los adversarios[6] y glorifican a Dios[7], cuya obra son ellos, creados en Cristo Jesús para buenas obras[8], a fin de que teniendo por fruto la santificación, tengan como fin la vida eterna[9].

[1]Stg. 2:18,22.
[2]Sal. 116:12,13; 1 P. 2:9.

[3]1 Jn. 2:3,5; 2 P. 1:5-10.
[4]2 Co. 9:2; Mt.. 5:16.
[5]Tit. 2:5; 1 Ti. 6:1; Tit. 2:5,9-12.
[6]1 P. 2:15.
[7]1 P. 2:12; Fil. 1:11; Jn. 15:8
[8]Ef. 2:10.
[9]Ro.6:22.

III. La capacidad que tienen los creyentes para hacer buenas obras no es de ellos en ninguna manera, sino completamente del Espíritu de Cristo[1], y para poseer esa capacidad, además de las gracias que han recibido, necesitan la influencia efectiva del propio Espíritu Santo obrando en ellos tanto el querer como el hacer por su buena voluntad[2]; sin embargo ellos no deben ser negligentes, como si no estuviesen obligados a obrar aparte de un impulso especial del Espíritu, sino que han de mostrarse diligentes en avivar la gracia de Dios que está en ellos[3].

[1]Jn. 15:4-6; Ez. 36:26,27.
[2]Fil. 2:13 y 4:13; 2 Co. 3:5.
[3]Fil. 2:12; He. 6:11,12; Is. 64:7; 2 P. 1:3,5,10,ll; 2 Ti. 1:6; Hch. 26:6; Jud. 20,21.

IV. Quienes por su obediencia alcancen el máximo de perfección que sea posible en esta vida, quedan tan lejos de llegar a un grado supererogatorio, y de hacer más de lo que Dios requiere, que les falta mucho de lo que están obligados a hacer[1].

[1]Lc. 17:10; Neh. 13:22; Job 9:2,3; Gá. 5:17.

V. Nosotros no podemos, por nuestra mejores obras, merecer el perdón del pecado o la vida eterna de la mano de Dios, a causa de la gran desproporción que existe entre nuestras obras y la gloria que ha de venir, y por la distancia infinita que hay entre nosotros y Dios, a quien no podemos beneficiar por dichas obras ni satisfacer la deuda de nuestros pecados anteriores[1]; pero cuando hayamos hecho todo lo que podíamos hacer, solo habremos cumplido con nuestro deber, y seremos siervos inútiles[2]; además nuestras obras son buenas porque proceden de su Espíritu[3], y en cuanto las hacemos nosotros, son impuras y están contaminadas con tanta debilidad e imperfección que no pueden soportar la severidad del juicio de Dios[4].

[1]Ro. 3:20 y 4:2,4,6; Ef.. 2:8, 9; Sal. 16:2; Tit. 3:5-7.
[2]Lc. 17:10.
[3]Gá. 5:22,23.
[4]Is. 64:6; Sal. 143:2 y 130:3; Gá. 5:17; Ro. 7:15,18.

VI. Sin embargo, a pesar de lo anterior, siendo aceptadas las personas de los creyentes por medio de Cristo, sus buenas obras también son aceptadas en Él[1]; no como si fueran en esta vida enteramente irreprochables e irreprensibles a la vista de Dios[2], sino que a Él, mirándolas en su Hijo, le place aceptar y recompensar lo que es sincero, aun cuando esté acompañado de muchas debilidades e imperfecciones[3].

[1]Ef. 1:6; 1 P. 2:5; Éx. 28:38; Gn. 4:4 con He. 11:4.
[2]Job 9:20; Sal. 143:2.
[3]2 Co. 8:12; He. 13:20,32 y 6:10; Mt.. 25:21,23.

VII. Las obras hechas por hombres no regenerados, aun cuando por su esencia puedan ser cosas que Dios ordena, y de utilidad tanto para ellos como para otros[1], sin embargo, porque proceden de un corazón no purificado por la fe[2], no son hechas de la manera correcta según la Palabra[3], ni para un fin correcto —la gloria de Dios[4]—, son pecaminosas y no pueden agradar a Dios ni hacer a un hombre digno de recibir gracia de Dios[5]. Y a pesar de esto, el descuido de las buenas obras por parte de los no regenerados es pecaminoso y desagradable a Dios[6].

[1]2 R. 10:30; 1 R. 21:27,29; Fil. 1:15,16,18.
[2]He. 11:4,6 (*cf.* Gn. 4:3-5).
[3]1 Co. 13:3; Is. 1:12.
[4]Mt. 6:2,5,16.
[5]Hag. 2:14; Tit. 1:15 y 3:5; Am. 5:21,22; Os. 1:4; Ro. 9:16.
[6]Sal. 14:4 y 36:3; Job 21:14,15; Mt.. 25:41-43,45 y 23:23.

Capítulo XVII

De la perseverancia de los santos

I. Aquellos a quienes Dios ha aceptado en su Amado, y que han sido llamados eficazmente y santificados por su Espíritu, no pueden caer ni total ni definitivamente del estado de gracia, sino que ciertamente han de perseverar en el mismo hasta el fin, y serán salvados eternamente[1].

[1]Fil. 1:6; 2 P. 1:10; Jn. 10:28,29; 1 Jn. 3:9; 1 P. 1:5,9.

II. Esta perseverancia de los santos depende, no de su propio libre albedrío, sino de la inmutabilidad del decreto de elección, que fluye del amor gratuito e inmutable de Dios el Padre[1]; de la eficacia del mérito y de la intercesión de Jesucristo[2]; de la morada del Espíritu, y de la simiente de Dios que está en los santos[3]; y de la naturaleza del pacto de gracia[4], de todo lo cual surge también la certeza y la infalibilidad de la perseverancia[5].

[1]2 Ti. 2:18, 19; Jer. 31:3.

[2]He. 10:10,14; 13:20,21; 7:25 y 9:12-15; Jn. 17:11,24. Ro. 8,33-39; Lc. 22:32.

[3]Jn. 14:16,17; 1 Jn. 2:27 y 3:9.
[4]Jer. 32:40.
[5]2 Ts. 3:3; 1 Jn. 2:19; Jn. 10:28.

III. No obstante esto, es posible que los creyentes, por las tentaciones de Satanás y del mundo, por el predominio de la corrupción que queda en ellos, y por el descuido de los medios para su preservación, caigan en pecados graves[1]; y por algún tiempo permanezcan en ellos[2]; por lo cual atraerán el desagrado de Dios[3]; contristarán a su Espíritu Santo[4]; se verán excluidos en alguna medida de sus gracias y consuelos[5]; tendrán sus corazones endurecidos[6]; sus conciencias heridas[7]; lastimarán y escandalizarán a otros[8], y atraerán sobre sí juicios temporales[9].

[1]Mt. 26:70,72,74.
[2]Sal. 51:14.
[3]Is. 64:5,7,9; 2 S. 11:27.
[4]Ef. 4:30.
[5]Sal. 51:8,10,12; Ap. 2:4; Cnt. 5:2,3,4,6.
[6]Mr. 6:52 y 16:14; Is. 63:17.
[7]Sal. 32:3,4 y 51:8.
[8]2 S. 12:14.
[9]Sal. 89:32; 1 Co. 11:32.

Capítulo XVIII

De la seguridad de la gracia y de la salvación

I. Aunque los hipócritas y otros hombres no regenerados pueden vanamente engañarse a sí mismos con esperanzas falsas y presunciones carnales de estar en el favor de Dios y en estado de salvación[1], esa esperanza perecerá[2]; pero los que creen verdaderamente en el Señor Jesús y le aman con sinceridad, esforzándose por andar con toda buena conciencia delante de Él, pueden en esta vida estar absolutamente seguros de que se hallan en el estado de gracia[3] y regocijarse en la esperanza de la gloria de Dios; y tal esperanza nunca los avergonzará[4].

[1]Job. 8:13,14; Mi. 3:11; Dt. 29:19; Jn. 8:41.
[2]Mt. 7:22, 23.
[3]1 Jn. 2:3; 5:13 y 3:14,18,19,21,24.
[4]Ro. 5:2, 5.

II. Esta seguridad no es una mera convicción presuntuosa y probable, fundada en una esperanza falible[1], sino que es una seguridad infalible de fe basada en la verdad divina de las promesas de salvación[2], en la evidencia interna de aquellas gracias a las cuales se refieren las promesas[3], y en el testimonio del Espíritu de adopción testificando a nuestro espíritu que somos hijos de Dios[4]. Este Espíritu es la garantía de nuestra herencia y por Él somos sellados hasta el día de la redención[5].

[1]He. 6:11,19.
[2]He. 6:17,18.
[3]2 P. 1:4,5,10,11; 1 Jn. 2:3; 3:14; 2 Co. 1:12.
[4]Ro. 8:15,16.
[5]Ef. 1:13,14; 4:30; 2 Co. 1:21,22.

III. Esta seguridad infalible no corresponde completamente a la esencia de la fe, de modo que un verdadero creyente puede esperar mucho tiempo y luchar con muchas dificultades antes de ser participante de tal seguridad[1]; sin embargo, estando capacitado por el Espíritu Santo para conocer las cosas que le son dadas gratuitamente por Dios, puede alcanzarlas sin una revelación extraordinaria por el uso correcto de los medios ordinarios[2]; y por eso es el deber de cada uno ser diligente a fin de asegurar su llamamiento y elección[3]; para que su corazón se ensanche en la paz y en el gozo del Espíritu Santo, en amor y gratitud a Dios, y en la fuerza y alegría de los deberes de la obediencia, que son los frutos propios de esta seguridad[4]. Así, esta seguridad está muy lejos de inducir a los hombres a la negligencia[5].

[1]Is. 50:10; 1 Jn. 5:13; Mr. 9:24; Sal. 88 y 77:1-12.
[2]1 Co. 2:12; 1 Jn. 4:13; He. 6:11,12; Ef.. 3:17,19.
[3]2 P. 1:10.

[4]Ro. 5:1,2,5; 14:17; 15:13; Sal. 119:32 y 4:6,7; Ef.. 1:3,4.

[5]1 Jn. 2:1,2; Ro. 6:1,2; Tit. 2:11,12,14; 2 Co. 7:1; Ro. 8:1,12; 1 Jn. 3:2,3; Sal. 130:4; 1 Jn. 1:6,7.

IV. La seguridad de la salvación de los verdaderos creyentes puede ser, de diversas maneras, zarandeada, disminuida e interrumpida por la negligencia en conservarla, por caer en algún pecado concreto que hiera la conciencia y contriste el Espíritu, por alguna tentación repentina o muy intensa, por retirarles Dios la luz de su rostro, permitiendo, aun a los que le temen[1], que caminen en tinieblas y no tengan luz. Sin embargo, nunca quedan totalmente destituidos de aquella. simiente de Dios y de la vida de fe, de aquel amor de Cristo y de los hermanos, de aquella sinceridad de corazón y conciencia del deber. Por lo cual, mediante la operación del Espíritu, esta seguridad puede ser revivida en su debido tiempo[2]; y así, mientras tanto, los verdaderos creyentes son sostenidos para no caer en total desesperación[3].

[1]Cnt. 5:2,3,6; Sal. 51:8,12,14; Ef.. 4:30,31; Sal. 77:1-10; Mt.. 26:69-72; Sal. 31:22 y 88; Is. 50:10.

[2]1 Jn. 3:9; Job 13:15; Lc. 22:32; Sal. 73:15 y 51:8,12; Is. 50:10.

[3]Mi. 7:7-9; Jer. 32:40; Is. 54:7-10; Sal. 22:1 y Sal. 88.

Capítulo XIX

De la Ley de Dios

I. Dios le dio a Adán una ley como pacto de obras, por la cual le obligaba, a él y a toda su posteridad, a una obediencia personal, completa, exacta y perpetua; le prometió la vida por el cumplimiento de esa ley, y le amenazó con la muerte si la infringía; dándole además el poder y la capacidad de guardarla[1].

[1]Gn. 1:26,27; 2:17; Ro. 2:14,15; 10:5; 5:12,19; Gá. 3:10,12; Ec. 7:29; Job 28:28.

II. Esta ley, después de la caída de Adán, continuaba siendo una regla perfecta de rectitud; y como tal fue dada por Dios en el monte Sinaí, en diez mandamientos, y escrita en dos tablas[1]; los cuatro primeros mandamientos contienen nuestros deberes para con Dios, y los otros seis, nuestros deberes para con los hombres[2].

[1]Stg. 1:25; 2:8, 10-12; Ro. 13:8,9; Dt. 5:32 y 10:4; Éx. 34:1.
[2]Mt. 22:37-40.

III. Además de esta ley, comúnmente llamada Ley moral, agradó a Dios dar al pueblo de Israel, como Iglesia menor de edad, leyes ceremoniales que contenían varias ordenanzas típicas; en parte de adoración —prefigurando a Cristo, sus gracias, acciones, sufrimientos y beneficios[1]— y en parte expresando diversas instrucciones acerca de los deberes morales[2]. Todas aquellas leyes ceremoniales están ahora abrogadas bajo el Nuevo Testamento[3].

[1]He. 10:1; Gá. 4:1-3; Col. 2:17; He. 9.
[2]1 Co. 5:7; 2 Co. 6:17; Jud. 23.
[3]Col. 2:14,16,17; Ef.. 2:15,16; Dn. 9:27.

IV. A los israelitas, en cuanto cuerpo político, también les dio leyes judiciales, que expiraron juntamente con el estado político de aquel pueblo, por lo que ahora no obligan a los otros pueblos, sino en lo que la justicia general de ellas lo requiera[1].

[1]Éx. 21 y 22:1-29; Gn. 49:10 (*cf.* 1 P. 2:13,14); Mt.. 5:17 con 38-39; 1 Co. 9:8-10.

V. La Ley moral obliga perpetuamente a todos a obedecerla[1], tanto a los justificados como a los que no lo están; y esto no solo en consideración a lo que contiene, sino también por causa de la autoridad de Dios, el Creador, que la dio[2]. Cristo, en el Evangelio, en ninguna manera abroga esta Ley, sino que refuerza nuestra obligación de cumplirla[3].

[1]Ro. 13:8-10; Ef.. 6:2; 1 Jn. 2:3,4,7,8.
[2]Stg. 2:10,11.
[3]Mt. 5:17,19; Stg. 2:8; Ro. 3:31.

VI. Aunque los verdaderos creyentes no están bajo la Ley en cuanto pacto de obras para ser justificados o condenados[1], sin embargo, esta es de gran utilidad tanto para ellos como para otros, ya que como regla de vida les informa de la voluntad de Dios y de sus deberes, los dirige y obliga a andar en conformidad con ella[2], les descubre también la pecaminosa contaminación de su propia naturaleza, corazón y vida[3]; de tal manera, que cuando ellos se examinan ante ella, pueden llegar a una convicción más profunda de su pecado, a sentir humillación por el mismo y aborrecimiento de él[4]; junto con una visión más clara de la necesidad que tienen de Cristo, y de la perfección de su obediencia[5]. También la Ley moral es útil para los regenerados a fin de restringir su corrupción, puesto que prohíbe el pecado[6], y sus amenazas sirven para mostrar lo que merecen aún sus pecados y las aflicciones que pueden esperar por ellos en esta vida, aun cuando estén libres de la maldición con que amenaza la Ley[7]. Sus promesas, de un modo semejante, manifiestan a los regenerados que Dios aprueba la obediencia, y cuáles son las bendiciones que deben esperar por el cumplimiento de la misma[8]; aunque no como si la Ley se lo debiera, a modo de pacto de obras[9]; de manera que si alguien hace lo bueno y deja de hacer lo malo porque la Ley le manda lo uno y le prohíbe lo otro, no por ello se demuestra que esté bajo la Ley y no bajo la gracia[10].

[1]Ro. 6:14 y 8:1; Gá. 2:16; 3:13; 4:4,5; Hch. 13:39.
[2]Ro. 7:12,22,25; Sal. 119:4-6; 1 Co. 7:19; Gá. 5:14,16,18-23.
[3]Ro. 7:7 y 3:20.
[4]Ro. 7:9,14,24. Stg. 1:23-25.
[5]Gá. 3:24; Ro. 8:3,4 y 7:24.
[6]Stg. 2:11; Sal. 119:101,104,128.

[7]Esd. 9:13,14; Sal. 89:30-34.

[8]Sal. 37:11 y 19:11; Lv. 26:1-14; con 2 Co. 6:16; Ef.. 6:2,3; Mi. 5:5.

[9]Gá. 2:16; Lc. 17:10.

[10]Ro. 6:12,14; He. 12:28,29; 1 P. 3:8-12; Sal. 34:12-16.

VII. Los usos de la Ley ya mencionados no son contrarios a la gracia del Evangelio, sino que concuerdan armoniosamente con él[1]; pues el Espíritu de Cristo subyuga y capacita la voluntad del hombre para que haga, alegre y voluntariamente, lo que requiere la voluntad de Dios revelada en la Ley[2].

[1]Gá. 3:21.

[2]Ez. 36:27; He. 8;10; Jer. 31:33.

Capítulo XX

De la libertad cristiana y de la libertad de conciencia

I. La libertad que Cristo ha comprado para los creyentes bajo el Evangelio consiste en verse libres de la culpa del pecado, de la ira condenatoria de Dios y de la maldición de la Ley moral[1]; y en ser librados de este presente siglo malo, de la servidumbre de Satanás y del dominio del pecado[2]; del mal de las aflicciones, del aguijón de la muerte, de la victoria de la tumba y de la condenación eterna[3]; e igualmente consiste en su libre acceso a Dios[4], y en rendirle obediencia, no por temor servil, sino con un amor filial y una mente sometida[5]. Todo esto era común también a los creyentes que estaban sometidos a la Ley[6], si bien, en el Nuevo Testamento, la libertad de los cristianos se ensancha mucho más porque están libres del yugo de la Ley ceremonial a que estaba sujeta la Iglesia judaica[7], y tienen ahora mayor confianza para acercarse al trono de la gracia[8], y mayores participaciones del libre Espíritu de Dios que las que tuvieron los creyentes que estaban bajo la Ley[9].

[1]Tit. 2:14; 1 Ts. 1:10; Gá. 3:13.

[2]Gá. 1:4; Hch. 26:18; Col. 1:13; Ro. 6:14.

[3]Sal. 119:71; 1 Co. 15:54-57; Ro. 8:28; Ro. 8:1.
[4]Ro. 5:1,2.
[5]Ro. 8:14-15; 1 Jn. 4:18.
[6]Gá. 3:9 y 14.
[7]Gá. 5:1 y 4:1-3,6,7; Hch. 15:10,11.
[8]He. 4:14,16; 10:19-22.
[9]Jn. 7:38-39; 2 Co. 3:13,17-18.

II. Solo Dios es el Señor de la conciencia[1], y la ha dejado libre de los mandamientos y doctrinas de hombres que sean en alguna forma contrarios a su Palabra, o estén al margen de ella en asuntos de fe o de adoración[2]. Así que creer tales doctrinas u obedecer tales mandamientos por causa de la conciencia, es traicionar la verdadera libertad de conciencia[3]; y el requerir una fe implícita y una obediencia ciega y absoluta, es destruir la libertad de conciencia[4] y también la razón.

[1]Stg. 4:12; Ro. 14:4.
[2]Hch. 4:19; 5:29; 1 Co. 7:23; Mt.. 23:8-10 y 15:9; 2 Co. 1:24.
[3]Col. 2:20,22 y 23; Gá. 1:10; 2:4,5; 5:1.
[4]Ro. 10:17; 14:23; Is. 8:20; Hch. 17:11; Jn. 4:22; Os. 5:11; Ap. 13:12,16,17; Jer. 8:9.

III. Aquellos que bajo el pretexto de la libertad cristiana practican algún pecado o abrigan alguna concupiscencia, destruyen por esto el propósito de la libertad cristiana, que consiste en que siendo librados de las manos de nuestros enemigos, podamos servir al Señor sin temor, en santidad y justicia delante de Él, todos los días de nuestra vida[1].

[1]Gá. 5:13; 1 P. 2:16; Lc. 1:74,75; 2 P. 2:19; Jn. 8:34.

IV. Y puesto que los poderes que Dios ha ordenado y la libertad que Cristo ha comprado no han sido destinados por Dios para destruirse entre sí, sino para preservarse y sostenerse mutuamente, los que bajo el pretexto de la libertad cristiana quieran oponerse a cualquier poder legal, o a su lícito ejercicio —sea civil o eclesiástico—, resisten a la ordenanza de Dios[1]. A quienes publican tales opiniones, o mantienen tales prácticas, que son contrarias a la luz de la Naturaleza, o a los principios conocidos del cristianismo, ya sea que se refieran a la fe, a la adoración o a la conducta, o al poder de la santidad, o a tales opiniones o prácticas erróneas, ya sea en su propia naturaleza o en la manera como las publican o las sostienen, y son destructivas para la paz eterna y el orden que Cristo ha establecido en la Iglesia, se les puede llamar legalmente a cuentas y procesar por la disciplina de la Iglesia[2], y por el poder de los gobernantes civiles[3].

[1]Mt. 12:25; 1 P. 2:13,14,16; Ro. 13:1-8; He. 13:17.

[2]Ro. 1:32; 1 Co. 5:1,5,11,13; 2 Jn. 10,11; 2 Ts. 3:14; 1 Ti. 6:3-5; Tit. 1:10,11,13; 3:10; Mt.. 18:15-17; 1 Ti. 1:19,20; Ap. 2:2,14,15,20; 3:9.

[3](La Asamblea General de 1789 de la Iglesia Presbiteriana de EE.UU. omitió la frase final del art. IV, que dice: "Y por el poder de los gobernantes civiles").

Capítulo XXI

De la adoración religiosa y del día de reposo

I. La luz de la Naturaleza muestra que hay un Dios que tiene señorío y soberanía sobre todo; es bueno y hace bien a todos; y que, por tanto, debe ser temido, amado, alabado, invocado, creído y servido con toda el alma, con todo el corazón y con todas las fuerzas[1]. Pero el modo aceptable de adorar al verdadero Dios ha sido instituido por Él mismo, y está tan limitado por su propia voluntad revelada, que no se debe adorar a Dios conforme a las imaginaciones e invenciones de los hombres o a las sugerencias de Satanás, bajo ninguna representación visible o en ningún otro modo no prescrito en las Santas Escrituras[2].

[1]Ro. 1:20; Hch. 17:24; Sal. 119:68; Jer. 10:7; Sal. 31:23; 18:3; Ro. 10:12; Sal. 62:8; Jos. 24:14; Mr. 12:33.

[2]Dt. 12:32; 4:15-20; Mt.. 15:9; 4:9,10; Hch. 17:25; Éx. 20:4-6; Col. 2:23.

II. La adoración religiosa ha de darse a Dios Padre, Hijo y Espíritu Santo, y a Él solamente[1]: no a los ángeles, ni a los santos, ni a ninguna otra criatura[2]; y desde la Caída, no sin algún Mediador, y no por la mediación de algún otro, sino solamente de Cristo[3].

[1]Jn. 5:23; 2 Co. 13:14; Mt.. 4:10.
[2]Col. 2:18; Ap. 19:10; Ro. 1:25.
[3]Jn. 14:6; 1 Ti. 2:5; Ef.. 2:18; Col. 3:17.

III. Siendo la oración, con acción de gracias, una parte especial de la adoración religiosa[1], Dios la exige de todos los hombres[2]; y para que pueda ser aceptada debe hacerse en el nombre del Hijo[3], con la ayuda del Espíritu[4], conforme a su voluntad[5], con entendimiento, reverencia, humildad, fervor, fe, amor y perseverancia[6]; y si se hace oralmente, en una lengua conocida[7].

[1]Fil. 4:6.
[2]Sal. 65:2.
[3]Jn. 14: 13, 14; 1 P. 2:5.
[4]Ro. 8:26.
[5]1 Jn. 5:14.
[6]Sal. 47:7; Ec. 5:1,2; He. 12:28; Gn. 18:27; Stg. 5: 16; 1:6,7; Ef. 6: 1 8; Mr. 11:24; Mt.. 6: 12,14,15; Col. 4:2.
[7]1 Co. 14:14.

IV. La oración ha de hacerse por cosas lícitas[1], y a favor de toda clase de personas vivas o que vivirán más adelante[2]; pero no a favor de los muertos[3] ni de aquellos de quienes se pueda saber que hayan cometido el pecado de muerte[4].

[1]1 Jn. 5:14.
[2]1 Ti. 2:1,2; Jn. 17:20; 2 S. 7:29; Rt. 4:12.
[3]2 S. 12:21-23; Lc. 16:25,26; Ap. 14:13.
[4]1 Jn. 5:16.

V. La lectura de las Escrituras con temor reverencial[1]; la sólida predicación[2], y el escuchar conscientemente la Palabra, en obediencia a Dios, con entendimiento, fe y reverencia[3]; el cantar salmos con gracia en el corazón[4], y también la debida administración y la recepción digna de los sacramentos instituidos por Cristo, son partes de la adoración religiosa regular a Dios[5]; y, además, los juramentos religiosos[6], los votos[7], los ayunos solemnes[8] y las acciones de gracias en ocasiones especiales[9], han de utilizarse, en sus tiempos respectivos, de una manera santa y religiosa [10].

[1]Hch. 15:21; Ap. 1:3.
[2]Ti. 4:2.
[3]Stg. 1:22; Hch. 10:33; He. 4:2; Mt.. 13:19; Is. 66:2.
[4]Col. 3:16; Ef. 5:19; Stg. 5:13.
[5]Mt. 28:19; Hch. 2:42; 1 Co. 11:23-29
[6]Dt. 6:13; Neh. 10:29.
[7]Ec. 5:4,5; Is. 19:21.
[8]Jl. 2:12; Mt.. 9:15; 1 Co. 7:5; Est. 4:16.
[9]Sal. 107; Est. 9:22.
[10]He. 12:28.

VI. Ahora, en el Evangelio, ni la oración ni ninguna otra parte de la adoración religiosa están limitadas a un lugar, ni son más aceptables por el lugar en que se efectúen, o hacia el cual se dirijan[1], sino que Dios ha de ser adorado en todas partes[2] en espíritu y en verdad[3]; tanto en lo privado, en las familias[4] diariamente[5], como en secreto, cada uno por sí mismo[6]; así como de una manera más solemne en las reuniones públicas, las cuales no han de descuidarse ni abandonarse voluntariamente o por negligencia, cuando Dios por su Palabra y providencia nos llama a ellas[7].

[1]Jn. 4:21.
[2]Mal. 1:11; 1 Ti. 2:8.
[3]Jn. 4:23,24.
[4]Jer. 10:25; Dt. 6:6,7; Job 1:5; 2 S. 6:18-20; 1 P. 3:7; Hch. 10:2.
[5]Mt. 6:11.
[6]Mt. 6:6; Ef.. 6:18.

[7]Is. 56:6,7; He. 10:25; Pr. 1:20,21,24; 8:34; Hch. 13:42; Lc. 4:16; Hch. 2:42.

VII. Así como es ley de la Naturaleza que, en general, una proporción debida de tiempo se dedique a la adoración de Dios, así también en su Palabra, por un mandamiento positivo, moral y perpetuo que obliga a todos los hombres en todos los tiempos, Dios ha señalado particularmente un día de cada siete para que sea guardado como un reposo santo para Él[1]. Desde el principio del mundo hasta la resurrección de Cristo, este día fue el último de la semana; y desde la resurrección de Cristo fue cambiado al primer día de la semana[2], que en las Escrituras recibe el nombre de "día del Señor"[3] y debe ser perpetuado hasta el fin del mundo como el día del reposo cristiano[4].

[1]Éx. 20:8, 10, 11; Is. 56:2, 4, 6, 7.
[2]Gn. 2:2,3; 1 Co. 16:1,2; Hch. 20:7.
[3]Ap. 1:10.
[4]Éx. 20:8,10; Mt.. 5:17,18.

VIII. Este día de reposo se guarda santo para el Señor cuando los hombres, después de la debida preparación de su corazón y arreglados con anticipación todos sus asuntos ordinarios, no solamente observan un santo descanso de sus propias labores, palabras y pensamientos, acerca de sus empleos y diversiones mundanas[1] durante todo el día, sino que también dedican todo el tiempo al ejercicio de la adoración pública y privada, y en los deberes de caridad y de misericordia[2].

[1]Éx. 20:8; 16:23,25,26,29,30; 31:15-17; Is. 58:13; Neh. 13-15,19,21,22.
[2]Is. 58:13; Mt.. 12:1-13.

Capítulo XXII

De los juramentos y de los votos lícitos

I. Un juramento lícito es una parte de la adoración religiosa[1] mediante la cual, una persona, en ocasión debida, al jurar solemnemente pone a Dios como testigo de lo que afirma o promete, y se somete a que se la juzgue conforme a la verdad o a la falsedad de lo que jura[2].

[1]Dt. 10:20.
[2]Éx. 20:7; Lv. 19:12; 2 Co. 1:23; 2 Cr. 6:22,23.

II. Solo se debe jurar por el nombre de Dios, utilizándolo con santo temor y reverencia[1]; y por consiguiente, el jurar de modo vano o temerario por ese Nombre glorioso y terrible, o simplemente el jurar por cualquier otra cosa, es pecaminoso y debe aborrecerse[2]. Sin embargo, como en asuntos de peso y de importancia, el juramento está justificado por la Palabra de Dios, tanto en el Nuevo Testamento como en el Antiguo[3], por eso, cuando una autoridad legítima exija un juramento legal para tales asuntos, este juramento debe hacerse[4].

[1]Dt. 6:13.
[2]Jer. 5:7; Stg. 5:12; Éx. 20:7; Mt.. 5:34,37.
[3]He. 6:16; Is 65:16; 2 Co. 1:23.
[4]1 R. 8:31; Esd. 10:5; Neh. 13:25.

III. Todo aquel que hace un juramento debe considerar seriamente la gravedad de un acto tan solemne y, por tanto, no afirmar sino aquello de lo cual está plenamente persuadido que es la verdad[1]. Y tampoco puede ningún hombre obligarse por un juramento a cosa alguna, excepto a lo que es bueno y justo, y a lo que cree que lo es, y a lo que es capaz y está dispuesto a cumplir[2]. Sin embargo, es pecado rehusar el juramento tocante a una cosa que sea buena y justa, cuando sea exigido por una autoridad legítima[3].

[1]Jer. 4:2; Éx. 20:7.
[2]Gn. 24:2,3,5,6,8,9.
[3]Nm. 5:19,21; Neh. 5:12; Éx. 22:7-11.

IV. El juramento debe hacerse en el sentido claro y común de las palabras, sin equívocos o reservas mentales[1]. Tal juramento no puede obligar a pecar; pero en todo aquello que no sea pecaminoso, una vez hecho, es de obligado cumplimiento, aun cuando sea en el propio daño del que lo hizo[2], y no debe violarse porque se haya hecho a herejes o a incrédulos[3].

[1]Sal 24:4; Jer. 4:2.
[2]Sal. 15,4; 1 S. 25:22,32-34.
[3]Ez. 17:16,18,19; Jos. 9:18-19 con 2 S. 21:1.

V. El voto es de naturaleza semejante a la del juramento promisorio, y debe hacerse con el mismo cuidado religioso y cumplirse con la misma fidelidad que este[1].

[1]Is. 19:21; Ec. 5:4-6; Sal. 61:8; 66:13,14.

VI. El voto no debe hacerse a ninguna criatura, sino solo a Dios[1], y para que sea acepto ha de hacerse voluntariamente, con fe y conciencia del deber, como muestra de gratitud por la misericordia recibida, o bien para obtener lo que queremos; y por él nos obligamos a cumplir más estrictamente nuestros deberes necesarios u otras cosas, en cuanto puedan ayudarnos adecuadamente al cumplimiento de las mismas[2].

[1]Sal. 76:11; Jer. 44:25,26.
[2]Dt. 23:21-23; Sal. 50:14; Gn. 28:20-22; 1 S. 1:11; Sal. 132:2-5; 66:13,14.

VII. Nadie puede hacer un voto para efectuar una cosa prohibida por la Palabra de Dios, o que impida el cumplimiento de algún deber ordenado en ella; ni puede obligarse a lo que no está en su capacidad, y para cuya ejecución no tenga ninguna promesa de ayuda de parte de Dios[1]. A tales respectos, los votos monásticos de los papistas de celibato perpetuo, de pobreza y de obediencia a las reglas eclesiásticas, están tan lejos de ser grados de perfección superior, que no son sino supersticiones y trampas pecaminosas en las que ningún cristiano debe enredarse[2].

[1]Hch. 23:12,14; Mr. 6:26; Nm. 30:5,8,12 y 13.
[2]Mt. 19:11,12; 1 Co. 7:2,9; 7:23; Ef.. 4:28; 1 P. 4:2.

Capítulo XXIII

De los gobernantes civiles

I. Dios, el supremo Señor y Rey de todo el mundo, ha instituido gobernantes civiles que deben estarle sujetos, para gobernar al pueblo para la gloria de Dios y el bien público; y con este fin les ha armado con el poder de la espada para la defensa y aliento de los buenos, y para el castigo de los malhechores[1].

[1]Ro. 13:1-4; 1 P. 2:13,14.

II. Es lícito para los cristianos aceptar y desempeñar el cargo de gobernante cuando sean llamados o e para ello[1]; y en el desempeño de ese cargo deben mantener especialmente la piedad, la justicia y la paz, según las sanas leyes de cada Estado[2]; así, con ese propósito, en la era del Nuevo Testamento, pueden lícitamente hacer la guerra en ocasiones justas y necesarias[3].

[1]Pr. 8:15,16; Ro. 13:1,2,4.
[2]Sal. 2:10-12, 1 Ti. 2:2; Sal. 82:3,4; 2 S. 23:3; 1 P. 2:13.
[3]Lc. 3:14; Mt. 8:9,10; Hch. 10:1,2; Ro. 13:4; Ap. 17:14,16.

III. Los gobernantes civiles no pueden tomar la administración de la Palabra y de los sacramentos, o el poder de las llaves del Reino de los cielos[1]; sin embargo, tienen autoridad y es su deber hacer lo necesario para que la paz y la unidad se mantengan en la Iglesia, para que la verdad de Dios se preserve pura y entera, para que todas las blasfemias y herejías sean suprimidas, todas las corrupciones y abusos en el culto y la disciplina se vean impedidas o reformadas, y todas las ordenanzas de Dios se establezcan, administren y cumplan[2] debidamente. Y para el mejor cumplimiento de todo ello, tienen la potestad de convocar sínodos, estar presentes en ellos y asegurar que cuanto en los mismos se decida esté conforme con la mente de Dios[3].

[1]2 Cr. 16:18 con Mt.. 18:17 y 16:19; 1 Co. 12:28.29; Ef.. 4:11,12; 1 Co. 4:1,2; Ro. 10:15; He. 5:4.

[2]Is. 49:23; Sal. 122:9; Esd. 7:23,25,26,27,28; Lv. 24:16; Dt. 13:5,6,12; 2 R. 18:4; 2 Cr. 34:33; 15:12,13.

[3]2Cron. 19:8,9,10,11;Mt.. 2:4.5.

III bis. (Según enmienda hecha por la Asamblea General de 1789 de la Iglesia Presbiteriana de EE.UU.). Los magistrados civiles no deben tomar para sí la administración de la Palabra ni de los sacramentos[1], ni el poder de las llaves del Reino de los cielos[2]; ni se entrometerán lo más mínimo en asuntos de fe[3]. Sin embargo, como padres cuidadosos, es deber de los gobernantes civiles proteger la Iglesia del común Señor, sin dar preferencia a alguna denominación de cristianos sobre los demás, de tal modo que todas las personas eclesiásticas, cualesquiera que sean, gocen de completa, gratuita e incuestionable libertad para desempeñar cada aspecto de sus funciones sagradas, sin violencias ni peligro[4]. Y como Jesucristo ha designado un gobierno regular y una disciplina en su Iglesia, ninguna ley de Estado alguno debe interferir en ella, ni estorbar o limitar los ejercicios debidos entre los miembros voluntarios de alguna denominación de cristianos según su propia confesión y creencia. Es el deber de los gobernantes civiles proteger la persona y el buen nombre de todo el mundo, de modo tan efectivo que no se permita que ninguna persona, bajo pretexto religioso, o por incredulidad, cometa alguna indignidad, violencia, abuso o injuria sobre otra persona cualquiera[5]; debiendo procurar además que todas las reuniones eclesiásticas se lleven a cabo sin molestia ni disturbio[6].

[1]2 Cr. 26:18.
[2]Mt. 16:19.
[3]Jn. 18:36.
[4]Is. 49:23.
[5]Sal. 105:15.
[6]2 S. 23:2; 1 Ti. 2:1; Ro. 13:4.

IV. Es deber del pueblo orar por los magistrados[1], honrar sus personas[2], pagarles tributos y otros derechos[3], obedecer sus mandamientos legales y estar sujetos a su autoridad por causa de la conciencia[4]. La incredulidad o la diferencia de religión no invalida la autoridad legal y justa del magistrado, ni exime al pueblo de la debida obediencia a él[5], de la cual las personas eclesiásticas no están exentas[6]; ni mucho menos posee el papa algún poder o jurisdicción sobre los magistrados en sus dominios, ni sobre alguno de los de su pueblo; y menos aún tiene poder para quitarles sus propiedades o la vida, si los juzgare herejes, o bajo cualquier otro pretexto[7].

[1]1 Ti. 2:1,2.
[2]1 P. 2:17.
[3]Ro. 13:6,7.

[4]Ro. 13:5; Tit. 3:1.
[5]1 P. 2:13,14,16.
[6]Ro. 13:1; 1 R. 2:35; Hch. 25:9-11; 2 P. 2:1,10,11; Jud. 8-11.
[7]2 Ts. 2:4; Ap. 13:15-17.

Capítulo XXIV

Del matrimonio y del divorcio

I. El matrimonio ha de ser entre un hombre y una mujer; no es lícito para ningún hombre tener más de una esposa, ni para ninguna mujer tener más de un marido, al mismo tiempo[1].

[1]Gn. 2:24; Mt.. 19:5,6; Pr. 2:17.

II. El matrimonio fue instituido para la mutua ayuda de esposo y esposa[1]; para multiplicar el género humano por generación legítima, y a la Iglesia con una simiente santa[2]; y para prevenir la impureza[3].

[1]Gn. 2:18.
[2]Mal. 2:15.
[3]1 Co. 7:2,9.

III. Es lícito para toda clase de personas casarse con quien sea capaz de dar su consentimiento con juicio[1]; sin embargo, es deber de los cristianos casarse solamente en el Señor[2]; por tanto, los que profesan la verdadera religión reformada no deben casarse con los incrédulos, papistas u otros idólatras; ni deben, los que son piadosos, unirse en yugo desigual, casándose con los que notoriamente son perversos en sus vidas o sostienen herejías detestables[3].

[1]He. 13:4; 1 Ti. 4:3; Gn. 24:57,58; 1 Co. 7:36-38.
[2]1 Co. 7:39.
[3]Gn. 34:14; Éx. 34:16; Dt. 7:3,4; 1 R. 11:4; Neh. 13:25-27; Mal. 2:11,12; 2 Co. 6:14.

IV. El matrimonio no debe contraerse dentro de los grados de consanguinidad o afinidad prohibidos en la Palabra de Dios[1], ni pueden tales matrimonios incestuosos legalizarse por ninguna ley de hombre, ni por el consentimiento de las partes, de tal manera que esas personas puedan vivir juntas como marido y mujer[2].

[1]Lv. 18; 1 Co. 5:1; Am. 2:7.
[2]Mr. 6:18; Lv. 18:24-28.

V. El adulterio o la fornicación cometidos después del compromiso, si son descubiertos antes del matrimonio, dan ocasión justa a la parte inocente para anular aquel compromiso[1]. En caso de adulterio después del matrimonio, es lícito para la parte inocente promover su divorcio[2], y después de este puede casarse con otra persona como si la parte ofensora hubiera muerto[3].

[1]Mt. 1:18-20.
[2]Mt. 5:31,32.
[3]Mt. 19:9; Ro. 7:2,3.

VI. Aunque la corrupción del hombre sea tal que le haga estudiar argumentos para separar indebidamente lo que Dios ha unido en matrimonio, nada excepto el adulterio o la deserción obstinada que no puede ser remediada ni por la Iglesia ni por el magisterio civil, es causa suficiente para disolver los lazos matrimoniales[1]. Llegado ese caso, debe observarse un procedimiento público y ordenado, y las personas implicadas en el mismo no han de ser dejadas a su propia voluntad y discreción en ese conflicto[2].

[1]Mt. 19:8,9; 1 Co. 7:15; Mt.. 19:6.
[2]Dt. 24:1-4.

Capítulo XXV

De la Iglesia

I. La Iglesia católica o universal, que es invisible, se compone del número completo de los elegidos que han sido, son o serán reunidos en uno, bajo Cristo, su Cabeza; y es la Esposa, el Cuerpo, la plenitud de Aquel que llena todo en todos[1].

[1]Ef. 1:10,22,23; 5:23,27,32; Col. 1:18.

II. La Iglesia visible, que bajo el Evangelio también es católica o universal (no está limitada a una nación como anteriormente en el tiempo de la Ley), se compone de todos aquellos que en todo el mundo profesan la religión verdadera[1], juntamente con sus hijos[2], y es el Reino del Señor Jesucristo[3], la casa y familia de Dios[4], fuera de la cual no hay posibilidad ordinaria de salvación[5].

[1]1 Co. 1:2; 12:12,13; Sal. 2:8; Ap. 7:9; Ro. 15:9-12.
[2]1 Co. 7:14; Hch. 2:39; Ez. 16:20-21; Ro. 11:16; Gn. 3:15; 17:7.
[3]Mt. 13:47; Is. 9:7.

[4]Ef. 2:19; 3:15.
[5]Hch. 2:47.

III. A esta Iglesia católica visible ha dado Cristo el ministerio, los oráculos y los sacramentos de Dios para reunir y perfeccionar a los santos en esta vida y hasta el fin del mundo; y por su
propia presencia y Espíritu, según su promesa, los hace eficientes para ello[1].

[1]1 Co. 12:28; Ef.. 4:11-13; Is. 59:21; Mt.. 28:19,20.

IV. Esta Iglesia católica ha sido más visible en unos tiempos que en otros[1]; y las iglesias específicas que forman parte de ella serán más puras o menos puras, según en ellas se enseñe y abrace la doctrina del Evangelio, se administren los sacramentos y se celebre con mayor o menor pureza el culto público[2].

[1]Ro. 11:3,4; Ap. 12:6,14.
[2]1 Co. 5:6,7; Ap. 2 y 3.

V. Las más puras iglesias existentes bajo el cielo están expuestas tanto a la impureza como al error[1], y algunas han degenerado tanto que han llegado a ser, no iglesias de Cristo, sino sinagogas de Satanás[2]. Sin embargo, siempre habrá una Iglesia en la Tierra para adorar a Dios conforme a su voluntad[3].

[1]1 Co. 13:12; Mt.. 13:24-30,47; Ap. 2 y 3.
[2]Ap. 18:2; Ro. 11:18-22.
[3]Mt. 16:18; 28:19-20; Sal. 72:17; 102:28.

VI. No hay más Cabeza de la Iglesia que el Señor Jesucristo[1]; y no puede el papa de Roma, en ningún sentido, ser cabeza de ella; ya que es aquel Anticristo, aquel hombre de pecado e hijo de perdición que se exalta en la Iglesia contra Cristo y contra todo lo que se llama Dios[2].

[1]Col. 1:18; Ef.. 1:22.
[2]Mt. 23:8-10; 2 Ts. 2:3,4,8,9; Ap. 13:6.

Capítulo XXVI

De la comunión de los santos

I. Todos los santos, que están unidos a Jesucristo, su Cabeza, por su espíritu y por la fe, tienen comunión con Él en su gracia, sus sufrimientos, su muerte, resurrección y gloria[1], y se encuentran unidos unos a otros en amor, tienen comunión en sus mutuos dones y gracias[2], y están obligados al cumplimiento de tales deberes, públicos y privados, que conducen a su mutuo bien, tanto en el hombre interior como en el exterior[3].

[1]1 Jn. 1:3; Ef.. 3:16-19; Jn. 1:16; Ef.. 2:5,6; Fil. 3:10; Ro. 6:5,6; 2 Ti. 2:12.

[2]Ef. 4:15,16; 1 Co. 12:7; 3:21-23; Col. 2:19.

[3]1 Ts. 5:11,14; Ro. 1:11,12,14; Gá. 6:10; 1 J. 3:16-18.

II. Los santos, en virtud de su profesión, están obligados a mantener una comunión y un compañerismo santos en la adoración a Dios, y a llevar a cabo los otros servicios espirituales que promueven su edificación mutua[1]; y también a socorrerse los unos a los otros en las cosas externas, según sus diferentes habilidades y necesidades. Esta comunión debe extenderse, en la medida que Dios presente la oportunidad, a todos aquellos que en todas partes invocan el nombre del Señor Jesús[2].

[1]He. 10:24,25; Hch. 2:42,46; Is. 2:3; 1 Co. 11:20.
[2]Hch. 2:44,45; 1 Jn. 3:17; Hch. 11:29,30; 2 Co. 8:9.

III. Esta comunión que los santos tienen con Cristo, no les hace de ninguna manera partícipes de la sustancia de la Divinidad, ni ser iguales a Cristo en ningún respecto; el afirmar cualquiera de estas cosas sería impiedad y blasfemia[1]. Tampoco la mutua comunión como santos invalida o infringe el título o propiedad que cada hombre tiene sobre sus bienes y posesiones[2].

[1]Is. 42:8; Col. 1:18,19; 1 Co. 8:6; Sal 45:7; 1 Ti. 6:15,16; He. 1:8,9.
[2]Hch. 5:4; Éx: 20:15; Ef. 4:28.

Capítulo XXVII

De los sacramentos

I. Los sacramentos son señales y sellos santos del pacto de gracia[1], instituidos directamente por Dios[2], para representar a Cristo y sus beneficios, y para confirmar nuestra participación en Él[3], así como para establecer una distinción visible entre aquellos que pertenecen a la Iglesia y el resto del mundo[4], y comprometerlos solemnemente al servicio de Dios en Cristo, conforme a su Palabra[5].

[1]Ro. 4:11; Gn. 17:7,10.
[2]Mt. 28:19; 1 Co. 11:23.
[3]1 Co. 10:16; 11:25,26, Gá. 3:27.
[4]Ro. 15:8; Éx. 12:48; Gn. 34:14.
[5]Ro. 6:3,4; 1 Co. 10:16,21.

II. Hay en cada sacramento una relación espiritual o unión sacramental entre la señal y la cosa significada; de donde llega a suceder que los nombres y efectos del uno se atribuyen al otro[1].

[1]Gn. 17:10; Mt.. 26:27,28; Tit. 3:5.

III. La gracia que se manifiesta en los sacramentos o por ellos mediante su uso correcto, no se confiere por algún poder que haya en ellos, ni la eficacia del sacramento depende de la piedad o intención del que lo administra[1], sino de la obra del Espíritu[2] y de la palabra de la institución, la cual contiene, junto con un precepto que autoriza el uso del sacramento, una promesa de bendición para los que lo reciben dignamente[3].

[1]Ro. 2:28,29; 1 P. 3:21.
[2]Mt. 3:11; 1 Co. 12:13.
[3]Mt. 26:27,28; 28:19,20.

IV. Solo hay dos sacramentos instituidos por Cristo nuestro Señor en el Evangelio; y son el Bautismo y la Cena del Señor; ninguno de los cuales debe ser administrado sino por un ministro de la Palabra legalmente ordenado[1].

[1]Mt. 28:19; 1 Co. 11:20,23; 4:1; He. 5:4.

V. Los sacramentos del Antiguo Testamento, en lo que se refiere a las cosas espirituales significadas y manifestadas por ellos, eran en sustancia los mismos del Nuevo[1].

[1]1 Co. 10:1-4.

Capítulo XXVIII

Del bautismo

I. El bautismo es un sacramento del Nuevo Testamento, instituido por Jesucristo[1], no solo para admitir solemnemente en la Iglesia visible a la persona bautizada[2], sino también para que sea para ella una señal y un sello del pacto de gracia[3], de su injerto en Cristo[4], de su regeneración[5], de la remisión de sus pecados[6], y de su entrega a Dios por Jesucristo, para andar en novedad de vida[7]. Este sacramento, por institución de Cristo mismo, debe continuarse en su Iglesia hasta el fin del mundo[8].

[1]Mt. 28:19.
[2]1 Co. 12:13.
[3]Ro. 4:11; Col. 2:11,12.
[4]Gá. 3:27; Ro. 6:5.
[5]Tit. 3:5.
[6]Mr. 1:4.
[7]Ro. 6:3, 4.
[8]Mt. 28:19, 20.

II. El elemento externo que ha de usarse en este sacramento es el agua, con la cual ha de ser bautizada la persona en el nombre del Padre, del Hijo y del Espíritu Santo[1].

[1]Mt. 3:11; Jn. 1:33; Mt.. 28:19,20.

III. No es necesaria la inmersión de la persona en el agua; y el bautismo es correctamente administrado por la aspersión o efusión del agua sobre la persona[1].

[1]Hch. 2:41; 16:33; Mr. 7:4; He. 9:10,19-22.

IV. No solo han de ser bautizados los que de hecho profesan fe en Cristo y obediencia a Él[1], sino también los niños hijos de uno o de ambos padres creyentes[2].

[1]Mr. 16:15,16; Hch. 8:37,38.
[2]Gn. 17:7,9; Gá. 3:9,14; Col. 2:11,12; Hch. 2:38; Ro. 4:11,12; 1 Co. 7:14; Mt.. 28:19; Mr. 10:13-16; Lc. 18:15.

V. Aun cuando el menosprecio o descuido de este sacramento sea un gran pecado[1], no obstante, la gracia y la salvación no están tan inseparablemente unidas a él que no pueda una persona ser regenerada o salvada sin el bautismo[2], o que todos los que son bautizados sean indudablemente regenerados[3].

[1]Lc. 7:30 con Éx. 4:24-26.
[2]Ro. 4:11; Hch. 10:2,4,22,31,45,47.
[3]Hch. 8:13,23.

VI. La eficacia del bautismo no está ligada al preciso momento en que este se administra[1]; sin embargo, por el uso correcto de este sacramento, la gracia prometida no solo se ofrece, sino que realmente se manifiesta y se otorga por el Espíritu Santo a aquellos (sean adultos o infantes) a quienes corresponde aquella gracia, según el consejo de la propia voluntad de Dios, en su debido tiempo[2].

[1]Jn. 3:5,8.
[2]Gá. 3:27; Tit. 3:5; Ef.. 5:25,26; Hch. 2:38,41.

VII. El sacramento del bautismo ha de administrarse una sola vez a cada persona[1].

[1]Tit. 3:5.

Capítulo XXIX

De la Cena del Señor

I. Nuestro Señor Jesús, la noche en que fue entregado, instituyó el sacramento de su cuerpo y sangre, llamado la Cena del Señor, para que se observara en su Iglesia hasta el fin del mundo, para un recuerdo perpetuo del sacrificio de sí mismo en su muerte, para sellar en los verdaderos creyentes los beneficios de la misma, para el alimentación espiritual y crecimiento en Él de los mismos, para un mayor compromiso en y hacia todas las obligaciones que estos le deben a Cristo, y para ser una ligadura y una prenda de su comunión con Él, y entre ellos mutuamente, como miembros de su cuerpo místico[1].

[1] 1 Co. 11:23-26; 10:16,17,21 y 12:13.

II. En este sacramento no se ofrece a Cristo a su Padre, ni se hace ningún verdadero sacrificio por la remisión de los pecados de los vivos o de los muertos[1], sino que solamente es una conmemoración del único ofrecimiento de sí mismo y por sí mismo en la Cruz, una sola vez para siempre, y una ofrenda espiritual de la mayor alabanza posible por esa causa[2]. Así que el sacrificio papal de la misa, como ellos lo llaman, es la injuria más abominable al único sacrificio de Cristo, la única propiciación por todos los pecados de los elegidos[3].

[1]He. 9:22,25,26,28.
[2]1 Co. 11:24-26; Mt.. 26:26,27.
[3]He. 7:23,24,27 y 10:11,12,14,18.

III. El Señor Jesús, en este sacramento, ha ordenado a sus ministros que declaren al pueblo su palabra de institución, que oren y bendigan los elementos del pan y del vino, y que los aparten así del uso común para el servicio sagrado; que tomen y partan el pan, y beban la copa y —participando ellos mismos—, den de los elementos a los comulgantes[1]; pero no a ninguno que no esté presente entonces en la congregación[2].

[1]Mt. 26:26-28; Mr. 14:22-24; Lc. 22:19,20; 1. Co. 11:23-26.
[2]Hch. 20:7; 1 Co. 11:20.

IV. Las misas privadas o la recepción de este sacramento, o de cualquier otro, a solas[1], como también el negar la copa al pueblo[2], el adorar los elementos, el elevarlos o llevarlos de un lugar a otro para adorarlos, y el guardarlos para pretendidos usos religiosos, es contrario a la naturaleza de este sacramento y a la institución de Cristo[3].

[1]1 Co. 10:16.
[2]Mr. 14:23; 1 Co. 11:25-29.
[3]Mt. 15:9.

V. Los elementos externos de este sacramento, debidamente separados para los usos ordenados por Cristo, tienen tal relación con el Señor crucificado que verdadera, aunque solo sacramentalmente, se llaman a veces por el nombre de las cosas que representan, a saber: el cuerpo y la sangre de Cristo[1]; no obstante, en sustancia y en naturaleza, esos elementos siguen siendo verdadera y solamente pan y vino, como eran antes[2].

[1]Mt. 26:26-28.
[2]1 Co. 11:26-28; Mt.. 26:29.

VI. La doctrina que enseña que por la consagración del sacerdote, o de algún otro modo, se produce un cambio de sustancia del pan y del vino a la sustancia del cuerpo y la sangre de Cristo (llamada comúnmente "transustanciación"), es repugnante no solo a la Escritura sino también a la razón y al sentido común, echa abajo la naturaleza del sacramento y ha sido, y es, la causa de muchísimas supersticiones, además de una crasa idolatría[1].

[1]Mt. 26:26-28; 1 Co. 11:26-28; Mt.. 26:29.

VII. Los que reciben dignamente este sacramento, participando externamente de los elementos visibles[1] también participan interiormente, por la fe, de una manera real y verdadera, aunque no carnal y corporal, sino alimentándose espiritualmente de Cristo crucificado y recibiendo todos los beneficios de su muerte. El cuerpo y la sangre de Cristo no están entonces ni carnal ni corporalmente dentro de, con o bajo el pan y el vino; sin embargo, están real, pero espiritualmente, presentes en aquella ordenanza para la fe de los creyentes, tanto como los elementos mismos lo están para sus sentidos corporales[2].

[1]1 Co. 11:28.
[2]1 Co. 10:16.

VIII. Aunque los ignorantes y malvados reciben los elementos externos de este sacramento, con todo, no reciben lo significado por ellos, sino que por acercarse indignamente son culpados del cuerpo y de la sangre del Señor para su propia condenación. Entonces, todas las personas ignorantes e impías, como no son aptas para gozar de comunión con Él, tampoco son dignas de acercarse a la mesa del Señor, y mientras permanezcan en ese estado, no pueden, sin cometer un gran pecado contra Cristo, participar de estos sagrados misterios[1], ni ser admitidos a ellos[2].

[1]Hch. 3:21; 1 Co. 11:24-26; Lc. 24:6,39.
[2]1 Co. 5:6; 2 Ts. 3:6; Mt.. 6:7

Capítulo XXX

De la disciplina eclesiástica

I. El Señor Jesús, como Rey y Cabeza de su Iglesia, ha designado en ella un gobierno dirigido por oficiales de la misma, diferentes de los magistrados civiles[1].

[1]Is. 9:6,7; 1 Ti. 5:17; 1 Ts. 5:12; Hch. 20:17,18; 1 Co. 12:28; He. 13:7,17,24; Mi. 28:18-20.

II. A estos oficiales han sido entregadas las llaves del Reino de los cielos, en virtud de lo cual tienen poder respectivamente para retener y remitir los pecados, para cerrar aquel Reino a los que no se arrepienten, tanto por la Palabra como por la disciplina, y para abrirlo a los pecadores arrepentidos, por el ministerio del Evangelio y por la absolución de la disciplina, según lo requieran las circunstancias[1].

[1]Mt. 16:19 y 18:17,18; Jn. 20:21-23; 2 Co. 2:6-8.

III. La disciplina eclesiástica es necesaria para ganar y hacer volver a los hermanos que ofenden; para disuadir a otros de cometer ofensas semejantes; para purgar de la mala levadura que puede infectar toda la masa; para reivindicar el honor de Cristo y la santa profesión del Evangelio; para prevenir la ira de Dios que justamente podría caer sobre la iglesia si esta consintiera que el Pacto del Señor y sus signos fuesen profanados por ofensores notorios y obstinados[1].

[1]1 Co. 5; 1 Ti. 5:20 y 1:20; Mt.. 7:6; 1 Co. 11:27-34 con Jud. 23.

IV. Para lograr mejor estos fines, los oficiales de la iglesia deben proceder por la amonestación, por la suspensión del sacramento de la Santa Cena por un tiempo, y por la excomunión de la iglesia, según la naturaleza del crimen y la ofensa de la persona[1].

[1]1 Ts. 5:12; 2 Ts. 3:6,14,15; 1 Co. 5:4,5:13; Mt.. 18:17; Tit. 3:10.

Capítulo XXXI

De los sínodos y concilios

I. Para el mejor gobierno y la mayor edificación de la Iglesia, debe haber tales asambleas como las comúnmente llamadas sínodos o concilios[1].

[1]Hch. 15:2,4,6.

La Asamblea General de 1789 de la Iglesia Presbiteriana de EE.UU., refundió los arts. I y II dejándolos de la siguiente forma:

I bis. Para el mejor gobierno y la mayor edificación de la Iglesia, debe haber tales asambleas como las comúnmente llamadas sínodos o concilios[1], y corresponde a los presbíteros y otros oficiales de las determinadas iglesias, en virtud de su oficio y del poder que Cristo les ha dado para edificación y no para destrucción, convocar tales asambleas[2], y reunirse en ellas con tanta frecuencia como juzguen conveniente para el bien de la Iglesia[3].

[1]Hch. 15:2,4,6.
[2]Hch. 15.
[3]Hch. 15:22,23,25.

II. Así como los magistrados pueden lícitamente convocar un sínodo de ministros y otras personas idóneas, a fin de consultar y asesorarse en materia religiosa[1], también pueden los ministros de Cristo, por sí mismos, en virtud de su oficio, y cuando los magistrados son enemigos declarados de la Iglesia, reunirse en tales asambleas con las personas adecuadas delegadas por sus iglesias[2].

[1]Is. 49:23; 1 Ti. 2:1,2; Mt.. 2:4,5.; Pr. 11:14.
[2]Hch. 15:2,4,22,23,25.

III. Corresponde a los sínodos y concilios determinar ministerialmente en las controversias de fe y casos de conciencia; establecer reglas e instrucciones para el mejor orden en el culto público a Dios y en el gobierno de su Iglesia; recibir reclamaciones en casos de mala administración y determinar con autoridad en las mismas. Tales decretos y determinaciones, si son consonantes con la Palabra de Dios, deben recibirse con reverencia y sumisión, no solo por su concordancia con la Palabra, sino también por el poder que los establece, como ordenanza de Dios instituida para este fin en su Palabra[1].

[1]Hch. 15:15,19,24,27-31;16:4; Mt.. 18:17-20.

IV. Todos los sínodos y concilios desde los tiempos de los Apóstoles, ya sean generales o particulares, pueden errar, y muchos han errado. Por ello, no se les debe considerar como la regla de fe o práctica, sino como una ayuda para ambas[1].

[1]Hch. 17:11; 1 Co. 2:5; 2 Co. 1:24; Ef.. 2:20.

V. Los sínodos y concilios solamente deben tratar y decidir acerca de los asuntos eclesiásticos, y no deben entrometerse en los asuntos civiles, que conciernen al Estado, a no ser por medio de humilde petición, en casos extraordinarios, o por medio de consejo para satisfacer la conciencia, si se lo solicita el magistrado civil[1].

[1]Lc. 12:13,14; Jn. 18:36.

Capítulo XXXII

Del estado del hombre después de la muerte y de la resurrección de los muertos

I. Los cuerpos de los hombres vuelven al polvo después de la muerte y ven la corrupción[1], pero sus almas (que ni mueren ni duermen), teniendo una subsistencia inmortal, vuelven inmediatamente a Dios que las dio[2]. Las almas de los justos, siendo entonces hechas perfectas en santidad, son recibidas en los más altos cielos en donde contemplan la faz de Dios en luz y gloria, esperando la completa redención de sus cuerpos[3]. Las almas de los malvados son arrojadas al Infierno, en donde permanecen atormentadas y envueltas en densas tinieblas, en espera del Juicio del Gran Día[4]. Fuera de estos dos lugares para las almas que están separadas de sus cuerpos, la Escritura no reconoce ningún otro.

[1]Gn. 3:19; Hch. 13:36.
[2]Lc. 23:43; Ec. 12:7.

[3]He. 12:23; 2 Co. 5:1,6,8; Fil. 1:23; Hch. 3:21; Ef. 4:10.
[4]Lc. 16:23,24; Jud. 6,7; Hch. 1:25; 1 P. 3:19.

II. Los que se encuentren vivos en el último día, no morirán, sino que serán transformados[1], y todos los muertos serán resucitados con sus mismos cuerpos, y no con otros, aunque con diferentes cualidades, y estos serán unidos otra vez a sus almas para siempre[2].

[1]1 Ts. 4:17; 1 Co. 15:51,52.
[2]Job 19:26,27; 1 Co. 15:42-44.

III. Los cuerpos de los injustos, por el poder de Cristo, resucitarán para deshonra; los cuerpos de los justos, por su Espíritu, para honra, y serán hechos entonces semejantes al cuerpo glorioso de Cristo[1].

[1]Hch. 24:15; Jn. 5:28,29; Fil. 3:21; 1 Co. 15:43.

Capítulo XXXIII

Del Juicio Final

I. Dios ha establecido un día en el cual juzgará al mundo con justicia por Jesucristo[1], a quien todo poder y juicio es dado por el Padre[2]. En tal día, no solo los ángeles apóstatas serán juzgados[3], sino que también todas las personas que han vivido en la Tierra comparecerán delante del tribunal de Cristo para dar cuenta de sus pensamientos, palabras y acciones, y para recibir conforme a lo que hayan hecho mientras estaban en el cuerpo, sea bueno o malo[4].

[1]Hch. 17:31.
[2]Jn. 5:22,27.
[3]1 Co. 6:3; Jud. 6; 2 P. 2:4.
[4]2 Co. 5:10; Ec. 12:14; Ro. 2:16 y 14:10,12; Mt. 12:36-37.

II. El propósito de Dios al establecer ese día, es la manifestación de la gloria de su misericordia en la salvación eterna de los elegidos, y la de su justicia en la condenación de los réprobos, que son malvados y desobedientes. Y entonces entrarán los justos en la vida eterna y recibirán la plenitud de gozo y refrigerio que vendrá de la presencia del Señor; pero los malvados, que no conocen a Dios ni obedecen el Evangelio de Jesucristo, serán arrojados al tormento eterno y castigados con perdición perpetua, lejos de la presencia del Señor y de la gloria de su poder[1].

[1]Mt. 25:31-46; Ro. 2:5,6; 9:22,23; Mt.. 25:21; Hch. 3:19; 2 Ts. 1:7-10.

III. Así como Cristo quiso que estuviésemos ciertamente persuadidos de que habrá un día de juicio, tanto para disuadir a todos los hombres de pecar, como para el mayor consuelo de los piadosos en su adversidad[1], así también mantendrá ese día desconocido para los hombres, a fin de que se desprendan de toda seguridad carnal y estén siempre vigilantes, porque no saben a qué hora vendrá el Señor, y siempre listos para decir: "Ven, Señor Jesús; ven pronto. Amén"[2].

[1]2 P. 3:11,14; 2 Co. 5:10,11; 2 Ts. 1:5-7; Lc. 21:27,28; Ro. 8:23,25.

[2]Mt. 24:36,42,44; Mr. 13:35-37; Lc. 12:35,36; Ap. 22:20.

Catecismo Menor

Preg. 1. **¿Cuál es el fin principal del hombre?**
Resp. El fin principal del hombre es glorificar a Dios[1] y gozar de Él para siempre[2].

[1] 1 Co. 10:31
[2] Sal. 73:25

Preg. 2. **¿Qué regla ha dado Dios para enseñarnos cómo podemos glorificarle y gozar de Él?**
Resp. La Palabra de Dios, contenida en las Escrituras del Antiguo y Nuevo Testamentos[1], es la única regla para enseñarnos cómo podemos glorificarle y gozar de Él[2].

[1] Ef. 2:20
[2] 1 Jn. 1:3

Preg. 3. **¿Qué enseñan las Escrituras principalmente?**
Resp. Las Escrituras enseñan principalmente lo que el hombre debe creer respecto a Dios, y el deber que Dios requiere del hombre[1].

[1] 2 Ti. 1:13

Preg. 4. **¿Qué es Dios?**
Resp. Dios es un Espíritu[1], infinito[2], eterno[3] e inmutable[4] en su ser[5], sabiduría[6], poder[7], santidad[8], justicia, bondad y verdad[9].

[1]Jn. 4:24
[2]Job 11:7
[3]Sal. 90:2
[4]Stg. 1:17
[5]Éx. 3:14
[6]Sal. 147:5
[7]Ap. 4:8
[8]Ap. 15:4
[9]Éx. 34:6

Preg. 5. **¿Hay más de un Dios?**
Resp. No hay sino uno solo[1], el Dios vivo y verdadero[2].

[1]Dt. 6:4
[2] Jer. 10:10

Preg. 6. **¿Cuántas personas hay en la Divinidad?**
Resp. En la Divinidad hay tres personas: el Padre, el Hijo y el Espíritu Santo[1], y estas tres son un solo Dios, de la misma sustancia e iguales en poder y gloria[2].

[1]Mi. 28:19
[2]1 Jn. 5:7

Preg. 7. **¿Qué son los decretos de Dios?**
Resp. Los decretos de Dios son su propósito eterno,

según el consejo de su voluntad, por cuya virtud y para su propia gloria ha preordinado cuanto acontece[1].

[1]Ef. 1:11

Preg. 8. **¿Cómo ejecuta Dios sus decretos?**
Resp. Dios ejecuta sus decretos en las obras de creación[1] y providencia[2].

[1]Ap. 4:1
[2]Dn. 4:35

Preg. 9. **¿Qué es la obra de creación?**
Resp. La obra de la creación consiste en que Dios hizo todas las cosas de la nada[1] por la palabra de su poder[2], en el espacio de seis días, y todas ellas muy buenas[3].

[1]Gn. 1:1
[2]He. 11:3
[3]Gn. 1:31

Preg. 10. **¿Cómo creó Dios al hombre?**
Resp. Dios creó al ser humano varón y hembra, según su propia imagen[1], en conocimiento, justicia y santidad[2], con dominio sobre las criaturas[3].

[1]Gn. 1:27
[2]Col. 3:10
[3]Gn. 1:28

Preg. 11. ¿Qué son las obras de providencia de Dios?
Resp. Las obras de providencia de Dios son aquellas con las que, de manera santa[1], sabia[2] y poderosa[3], preserva y gobierna todas sus criaturas y todas las acciones[4] de estas.

[1]Sal. 145:17
[2]Is. 28:29
[3]He. 1:3
[4]Sal. 103:19

Preg. 12. ¿Qué acto particular de providencia ejecutó Dios respecto del hombre, en el estado en que este fue creado?
Resp. Cuando Dios hubo creado al hombre, hizo con él un pacto de vida bajo condición de perfecta obediencia[1], prohibiéndole comer del árbol del conocimiento del bien y del mal, bajo pena de muerte[2].

[1]Gá. 3:12
[2]Gn. 2:17

Preg. 13. ¿Permanecieron nuestros primeros padres en el estado en que fueron creados?
Resp. Nuestros primeros padres, dejados a su libre voluntad, cayeron del estado en que fueron creados, pecando contra Dios[1].

[1]Ec. 7:29; Ro. 5:12; Cnt. 3:6

Preg. 14. ¿Qué es el pecado?
Resp. El pecado es cualquier falta de conformidad a la Ley de Dios o la transgresión de la misma[1].

[1]1 Jn. 3:4; Ro. 4:15; Stg. 2:10

Preg. 15. ¿Cuál fue el pecado por el que nuestros primeros padres cayeron del estado en que fueron creados?

Resp. El pecado por el que nuestros primeros padres cayeron del estado en que fueron creados fue comer del fruto prohibido[1].

[1]Gn.3:6

Preg.16. ¿Cayó toda la Humanidad en la primera transgresión de Adán?

Resp. Habiéndose establecido el pacto con Adán, no solo para él, sino también para su posteridad[1], toda la Humanidad, descendiente de él por generación ordinaria, peco en él y cayó con él, en su primera transgresión[2].

[1]Gn. 1:28; 2:16,17
[2]Ro. 5:18

Preg. 17. ¿A qué estado condujo la caída a la Humanidad?

Resp. La caída condujo a la Humanidad a un estado de pecado y miseria[1].

[1]Ro.5:12

Preg. 18. ¿En qué consiste la pecaminosidad del estado en que cayó el hombre?

Resp. La pecaminosidad del estado en que cayó el hombre consiste en la culpa del primer pecado de Adán[1], la carencia de justicia original[2] y la corrupción de toda su naturaleza, lo que comúnmente se llama el "pecado original"[3], junto con todas las transgresiones actuales que proceden de él[4].

[1]Ro. 5:19
[2]Ro. 3:10
[3]Ef. 2:1; Sal. 51:5
[4]Mt. 15:19,20

Preg. 19. **¿En qué consiste la miseria del estado en que cayó el hombre?**

Resp. Toda la Humanidad perdió, por su caída, la comunión con Dios[1], está bajo su ira y maldición[2], y expuesto a todas las miserias en esta vida, a la misma muerte, y a los sufrimientos del Infierno para siempre[3].

[1]Gn. 3:8,24
[2]Ef. 2:3; Gá. 3:10
[3]Ro. 6:23; Mt.. 25:41

Preg. 20. **¿Dejó Dios perecer a toda la Humanidad en su estado de pecado y miseria?**

Resp. Habiendo Dios elegido desde el principio, porque así le agradó, a algunos para vida eterna[1], estableció un pacto de gracia para librarles del estado de pecado y miseria, y llevarles al estado de salvación, por medio de un Redentor[2].

[1]Ef. 1:4
[2]Ro. 3:21-22

Preg. 21 **¿Quién es el Redentor de los elegidos de Dios?**

Resp. El único Redentor de los elegidos es el Señor Jesucristo[1] que, siendo el Hijo eterno de Dios, se hizo hombre[2] y así fue y continúa siendo, Dios y hombre, en dos naturalezas distintas y una Persona[3], para siempre[4].

[1]1 Ti. 2:5
[2]Jn.1:14
[3]Ro. 9:5
[4]He. 7:24

Preg. 22. ¿Cómo se hizo Cristo hombre, si era el Hijo de Dios?

Resp. Cristo, el Hijo de Dios, se hizo hombre, tomando para sí mismo un cuerpo verdadero[1] y un alma racional[2], siendo concebido por el poder del Espíritu Santo, en el seno de la virgen María, y nacido de ella[3], pero sin pecado[4].

[1]He. 2:14
[2]Mt. 26:38
[3]Lc. 1:31,35
[4]He. 7:26

Preg. 23. ¿Qué oficios efectúa Cristo como Redentor nuestro?

Resp. Cristo, en cuanto Redentor nuestro, efectúa los oficios de Profeta[1], de Sacerdote[2] y de Rey[3], tanto en su estado de humillación como de exaltación.

[1]Hch. 3:22
[2]He. 5:6
[3]Sal. 2:6

Preg. 24. **¿Cómo efectúa Cristo el oficio de Profeta?**
Resp. Cristo efectúa el oficio de Profeta al revelamos[1], por su Palabra[2] y Espíritu[3] la voluntad de Dios para nuestra salvación.

[1]Jn. 1:18
[2]Jn. 20:31
[3]Jn. 14:26

Preg. 25. **¿Cómo efectúa Cristo el oficio de Sacerdote?**
Resp. Cristo efectúa el oficio de Sacerdote al ofrecerse una sola vez como sacrificio para satisfacer la justicia divina[1], y reconciliarnos con Dios[2], y al hacer continua intercesión por nosotros[3].

[1]He. 9:28
[2]He. 2:17
[3]He. 7:25

Preg. 26. **¿Cómo efectúa Cristo el oficio de Rey?**
Resp. Cristo efectúa el oficio de Rey sometiéndonos a Él mismo[1], rigiéndonos y defendiéndonos[2], y refrenando y venciendo a todos los enemigos, suyos y nuestros[3].

[1]Sal. 110:3
[2]Is. 33:22
[3]Co. 15:25

Preg. 27. **¿En qué consistió la humillación de Cristo?**
Resp. La humillación de Cristo consistió en haber nacido, y esto en baja condición[1], sujeto a la Ley[2], sufriendo las miserias de esta vida[3], la ira

de Dios[4], y la muerte maldita en la cruz[5]; en haber sido sepultado y en haber permanecido bajo el dominio de la muerte por algún tiempo[6].

[1]Lc. 2:7
[2]Gá. 4:4
[3]Is. 53:3
[4]Mt. 27:46
[5]Fil. 2:8
[6]Mt. 12:40

Preg. 28. ¿En qué consiste la exaltación de Cristo?

Resp. La exaltación de Cristo consiste en su resurrección de los muertos al tercer día[1], en su ascensión al Cielo, en estar sentado a la diestra de Dios Padre[2], y en venir, el último día para juzgar al mundo[3].

[1]1 Co15:4
[2]Mr. 16:19
[3]Hch. 17:31

Preg. 29. ¿Cómo somos hechos partícipes de la redención lograda por Cristo?

Resp. Somos hechos partícipes de la redención lograda por Cristo mediante la aplicación eficaz que de ella nos[1] hace el Espíritu Santo[2].

[1]Jn. 1:12
[2]Tit. 3:5

Preg. 30. ¿Cómo nos aplica el Espíritu Santo la redención lograda por Cristo?

Resp. El Espíritu Santo nos aplica la redención lograda por Cristo creando la fe en nosotros[1], y uniéndonos así a Cristo mediante el llamamiento eficaz[2].

[1]Ef. 2:8
[2]Ef. 3:17; 1 Co. 1:9

Preg. 31. ¿Qué es el llamamiento eficaz?

Resp. El llamamiento eficaz es la obra del Espíritu de Dios[1] mediante la cual, convenciéndonos de nuestro pecado y miseria[2], ilumina nuestra mente con el conocimiento de Cristo[3] y, renovando nuestra voluntad[4], nos persuade y nos capacita para recibir a Jesucristo, a quien se nos ofrece libremente en el Evangelio[5].

[1]2 Ti. 1:9
[2]Hch. 2:37
[3]Hch. 26:18
[4]Ez. 36:26
[5]Jn. 6:44

Preg. 32. ¿De qué beneficios participan en esta vida los que son eficazmente llamados?

Resp. Los que son eficazmente llamados participan en esta vida de la justificación[1], la adopción[2], la santificación y los diversos beneficios que en esta vida acompañan o se derivan de todo ello[3].

[1]Ro.8:30
[2]Ef. 1:5
[3]1 Co. 1:30

Preg. 32 **¿Qué es la justificación?**

Resp. La justificación es un acto de la libre gracia de Dios, mediante el cual perdona todos nuestros pecados[1], y nos acepta como justos ante sus ojos[2], solamente a causa de la justicia de Cristo que nos es imputada[3], y que recibimos solamente por la fe[4].

[1]Ef. 1:7
[2]2 Co. 5:21
[3]Ro. 5:19
[4]Gá. 2:16

Preg. 34. **¿Qué es la adopción?**

Resp. La adopción es un acto de la libre gracia de Dios[1], por el cual somos recibidos en el número de los hijos de Dios y tenemos el derecho a todos sus privilegios[2].

[1]1 Jn. 3:1
[2]Jn. 1:12

Preg. 35. **¿Qué es la santificación?**

Resp. La santificación es un acto de la libre gracia de Dios[1], por el cual el hombre entero es renovado según la imagen divina[2] y capacitado para morir más y más al pecado, y vivir para la justicia[3].

[1]2 Ts. 2:13
[2]Ef. 4:24
[3]Ro. 8:21

Preg. 36. **¿Cuáles son los beneficios que en esta vida acompañan o se derivan de la justificación, la adopción y la santificación?**

Resp. Los beneficios que en esta vida acompañan o se derivan de la justificación, la adopción y la santificación son: la seguridad del amor de Dios, la paz de conciencia, el gozo en el Espíritu Santo[1], el crecimiento en gracia[2], y la perseverancia en ella hasta el fin[3].

[1]Ro. 5:1,2,5
[2]Pr. 4:18
[3]1 Jn. 5:13

Preg. 37 **¿Qué beneficios reciben de Cristo los creyentes al morir?**

Resp. Al morir, las almas de los creyentes son hechas perfectas en santidad[1] y pasan inmediatamente a la gloria[2]; y sus cuerpos, estando aún unidos a Cristo[3], reposan en sus tumbas[4] hasta la resurrección[5].

[1]He. 12:23
[2]Fil. 1:23
[3]1 Ts. 4:14
[4]Is. 57:2
[5]Job. 19:26

Preg. 38. **¿Qué beneficios reciben de Cristo los creyentes en la resurrección?**

Resp. Los creyentes, levantándose en gloria[1] en la resurrección, serán públicamente reconocidos y absueltos en el Día del Juicio[2], así como perfectamente bendecidos con el pleno disfrute de Dios[3] por toda la eternidad[4].

[1]1 Co. 15:43
[2]Mt. 10:32
[3]1 Jn. 3:2
[4]1 Ts. 4:17

Preg. 39. ¿Cuál es el deber que Dios requiere del hombre?

Resp. El deber que Dios requiere del hombre es la obediencia a su voluntad revelada[1].

[1]Mi. 6:8

Preg. 40. ¿Qué reveló Dios primero al hombre como regla de obediencia?

Resp. La regla que Dios revelo primero al hombre fue la Ley moral[1].

[1]Ro. 2:14

Preg. 41. ¿Dónde está resumida la ley moral?

Resp. La Ley moral está resumida en los Diez Mandamientos[1].

[1]Dt. 10:4

Preg. 42. ¿Cuál es el resumen de los Diez Mandamientos?

Resp. El resumen de los Diez Mandamientos es: Amar al Señor nuestro Dios con todo nuestro corazón, con toda nuestra alma, con todas nuestras fuerzas y con toda nuestra mente; y a nuestro prójimo como a nosotros mismos[1].

[1]Mt.22:37

Preg. 43. **¿Cuál es el prefacio de los Diez Mandamientos?**

Resp. El prefacio de los Diez Mandamientos es: "Yo soy Jehová tu Dios que te saqué de la tierra de Egipto, de casa de servidumbre"[1].

[1]Éx. 22:2

Preg. 44. **¿Qué nos enseña el prefacio de los Diez Mandamientos?**

Resp. El prefacio de los Diez Mandamientos nos enseña que, por cuanto Dios es el Señor, y nuestro Dios y Redentor, estamos obligados a guardar todos sus mandamientos[1].

[1]Dt. 11:1; Lc. 1:74,75

Preg. 45. **¿Cuál es el primer mandamiento?**

Resp. El primer mandamiento es: "No tendrás dioses ajenos delante de mí"[1].

[1]Éx. 20:3

Preg. 46. **¿Qué se requiere en el primer mandamiento?**

Resp. El primer mandamiento nos pide que conozcamos[1] y reconozcamos a Dios como nuestro único y verdadero Dios[2], y que como a tal le adoremos y glorifiquemos[3].

[1]1 Cr. 28:9
[2]Dt. 26:17
[3]Mt. 4:10

Preg. 47. ¿Qué se prohíbe en el primer mandamiento?
Resp. El primer mandamiento nos prohíbe que neguemos[1] a Dios, o que no le adoremos y glorifiquemos como el verdadero Dios[2], y Dios nuestro[3]; o que le demos a cualquier otro ser la adoración y la gloria que solo a Él le debemos[4].

[1]Sal. 14:1
[2]Ro. 1:20,21
[3]Sal. 81: 11
[4]Ro. 1:25

Preg. 48. ¿Qué cosa especial se nos enseña con las palabras "delante de mí en el primer mandamiento?
Resp. Las palabras "delante de mí" del primer mandamiento nos enseñan que Dios, quien todo lo ve, se percata y se desagrada con el pecado de tener cualquier otro Dios[1].

[1]Sal. 44:20

Preg. 49. ¿Cuál es el segundo mandamiento?
Resp. El segundo mandamiento es: "No te harás imagen, ni ninguna semejanza de lo que esté arriba en el cielo, ni abajo en la tierra, ni en las aguas debajo de la tierra. No te inclinarás a ellas, ni las honrarás; porque yo soy Jehová tu Dios, fuerte, celoso, que visito la maldad de los

padres sobre los hijos hasta la tercera y cuarta generación de los que me aborrecen, y hago misericordia a millares, a los que me aman y guardan mis mandamientos"[1].

[1]Éx. 20:4-6

Preg. 50. ¿Qué se manda en el segundo mandamiento?
Resp. En el segundo mandamiento se ordena que recibamos, observemos y guardemos[1] puros y completos, todo el culto religioso y las ordenanzas que Dios ha establecido en su Palabra[2].

[1]Dt. 32:46; Mt.. 28:20
[2]Dt. 12:32

Preg. 51. ¿Qué se prohíbe en el segundo mandamiento?
Resp. El segundo mandamiento prohíbe que rindamos culto a Dios por medio de imágenes[1] o por cualquier otro medio que su Palabra no autorice[2].

[1]Dt. 4:15,16
[2]Col. 2:18

Preg. 52. ¿Cuáles son las razones que acompañan al segundo mandamiento?
Resp. Las razones que acompañan al segundo mandamiento son: la soberanía de Dios sobre nosotros[1], su propiedad en nosotros[2], y el celo que Él tiene por su propio culto[3].

[1]Sal. 95: 2,3
[2]Sal. 45:11
[3]Éx. 34:14

Preg. 53. **¿Cuál es el tercer mandamiento?**
Resp. El tercer mandamiento es: "No tomarás el nombre de Jehová tu Dios en vano; porque no dará por inocente Jehová al que tomare su nombre en vano"[1].

[1]Éx. 20:7

Preg. 54. **¿Qué se requiere en el tercer mandamiento?**
Resp. El tercer mandamiento requiere el uso santo y reverente de los nombres[1], títulos, atributos[2], ordenanzas[3], Palabra[4] y obras[5] de Dios.

[1]Sal. 29:2
[2]Ap. 15:3
[3]Ec. 5:1
[4]Sal. 138:2
[5]Job 36:24

Preg. 55. **¿Qué prohíbe el tercer mandamiento?**
Resp. El tercer mandamiento prohíbe toda profanación y abuso de cualquier cosa por la cual Dios se da a conocer[1].

[1]Mal. 2:2

Preg. 56. **¿Cuál es la razón que acompaña al tercer mandamiento?**
Resp. La razón que acompaña al tercer mandamiento es que, por más que eviten los infractores de este mandamiento el castigo humano, el Señor nuestro Dios no los dejará escapar de su justo juicio[1].

[1]Dt. 28:58

Preg. 57. ¿Cuál es el cuarto mandamiento?

Resp. El cuarto mandamiento es: "Acuérdate del día de reposo para santificarlo. Seis días trabajarás y harás toda tu obra; mas el séptimo día es reposo para Jehová tu Dios; no hagas en él obra alguna; tú, ni tu hijo, ni tu hija, ni tu siervo, ni tu criada, ni tu bestia, ni tu extranjero que está dentro de tus puertas; porque en seis días hizo Jehová los cielos y la tierra, el mar y todas las cosas que en ellos hay, y reposó en el séptimo día; por tanto, Jehová bendijo el día de reposo y lo santificó"[1].

[1]Éx. 20:8-11

Preg. 58. ¿Qué requiere el cuarto mandamiento?

Resp. El cuarto mandamiento requiere que santifiquemos para Dios las ocasiones que Él ha señalado en su Palabra; y especialmente un día de cada siete como reposo santificado para Él[1].

[1]Lv. 19:30

Preg. 59. ¿Qué día de los siete ha señalado Dios para el descanso semanal?

Resp. Desde la creación del mundo hasta la resurrección de Cristo Dios señaló el séptimo día de la semana para ser el reposo semanal[1]; y a partir de entonces el primer día de la semana, para continuar así hasta el fin del mundo, siendo este el reposo cristiano[2].

[1]Gn. 2:3
[2]Hch. 20:7

Preg. 60. ¿Cómo debe santificarse el día de reposo?

Resp. El día de reposo se debe santificar mediante un reposo santo todo ese día, absteniéndose hasta de aquellos trabajos o distracciones mundanales que son lícitos en los demás días[1]; y ocupando todo el tiempo en los ejercicios públicos y privados del culto a Dios[2], excepto lo que se deba emplear en obras de necesidad y misericordia[3].

[1]Lv. 23:3
[2]Sal. 92:1
[3]Mt. 12:11

Preg. 61. ¿Qué se prohíbe en el cuarto mandamiento?

Resp. El cuarto mandamiento prohíbe la omisión o el cumplimiento descuidado de los deberes requeridos[1], y la profanación del día por la ociosidad, o el hacer aquello que es en sí mismo pecado[2], o mediante pensamientos, palabras u obras innecesarios, en relación con nuestras ocupaciones o distracciones mundanales[3].

[1]Mal. 1:13
[2]Ez.23:38
[3]Is. 58:13

Preg. 62. ¿Qué razones acompañan al cuarto mandamiento?

Resp. Las razones que acompañan al cuarto mandamiento son: que Dios nos ha concedido seis días de la semana para nuestras ocupaciones[1]; que Él reclama una especial propiedad del séptimo día[2]; su propio ejemplo[3] y su bendición del día de reposo[4].

[1]Éx. 31:15
[2]Lv. 23:3
[3]Éx. 31:17
[4]Gn.2:3

Preg. 63. ¿Cuál es el quinto mandamiento?
Resp. El quinto mandamiento es: "Honra a tu padre y a tu madre, para que tus días se alarguen en la tierra que Jehová tu Dios te da"[1].

[1]Éx. 20:12

Preg. 64. ¿Qué se requiere en el quinto mandamiento?
Resp. El quinto mandamiento requiere que rindamos el debido honor y cumplamos con nuestras obligaciones para con toda persona en su respectivo puesto o relación, como superior[1], inferior[2] o igual[3].

[1]Ef. 5:21; 6:1,5; Ro. 13:1
[2]Ef.6:9
[3]Ro. 12:10

Preg. 65. ¿Qué se prohíbe en el quinto mandamiento?
Resp. El quinto mandamiento prohíbe que descuidemos o hagamos cualquier cosa contra el honor y el servicio que corresponde a cada uno en sus diversos puestos o relaciones[1].

[1]Ro. 13:7

Preg. 66. ¿Cuál es la razón que acompaña al quinto mandamiento?

Resp. La razón que acompaña al quinto mandamiento es la promesa de larga vida y prosperidad (en cuanto sirva para la gloria de Dios y para el bien propio) a todos los que guardan este mandamiento[1].

[1]Ef. 6:2

Preg. 67. ¿Cuál es el sexto mandamiento?

Resp. El sexto mandamiento es: "No matarás"[1].

[1]Éx. 20:13

Preg. 68. ¿Qué se requiere en el sexto mandamiento?

Resp. El sexto mandamiento requiere que hagamos todos los esfuerzos lícitos para preservar nuestra vida[1], y la vida de los demás[2].

[1]Ef. 5:28,29
[2]Sal. 82:3,4; Job. 29:13

Preg. 69. ¿Qué se prohíbe en el sexto mandamiento?

Resp. El sexto mandamiento prohíbe el destruir nuestra propia vida[1], o el quitar injustamente la de nuestro prójimo[2], así como también todo lo que tiende a este resultado[3].

[1]Hch. 16:28
[2]Gn. 9:6
[3]Pr. 24:11

Preg. 70. **¿Cuál es el séptimo mandamiento?**
Resp. El séptimo mandamiento es: "No cometerás adulterio"[1].

[1]Éx. 20:14

Preg. 71. **¿Qué se requiere en el séptimo mandamiento?**
Resp. El séptimo mandamiento requiere que preservemos nuestra propia castidad[1] y la de nuestro prójimo[2], en corazón[3], palabra[4] y conducta[5].

[1]1 Ts. 4:4
[2]Ef. 5:11,12
[3]2 Tim. 2:22
[4]Col. 4:6
[5]1 P. 3:2

Preg. 72. **¿Qué se prohíbe en el séptimo mandamiento?**
Resp. El séptimo mandamiento prohíbe todo pensamiento[1], palabra[2] o acción[3] deshonesto.

[1]Mt. 5:28
[2]Ef. 5:4
[3]Ef. 5:3

Preg. 73. **¿Cuál es el octavo mandamiento?**
Resp. El octavo mandamiento es: "No hurtarás"[1].

[1]Éx. 20:15

Preg. 74. **¿Qué se requiere en el octavo mandamiento?**
Resp. El octavo mandamiento requiere que procuremos y promovamos por todo medio legítimo

nuestra prosperidad y bienestar propios[1] y los de los demás[2].

[1]Ro. 12:17; Pr. 27:23
[2]Lv. 25:35; Fil. 2:4

Preg. 75. ¿Qué se prohíbe en el octavo mandamiento?
Resp. El octavo mandamiento prohíbe todo lo que impide o puede llegar a impedir injustamente nuestra prosperidad y nuestro bienestar propios[1] o los de nuestro prójimo[2].

[1]1 Tim. 5:8
[2]Pr. 28:19; 21:6; Job. 20:19,20

Preg. 76. ¿Cuál es el noveno mandamiento?
Resp. El noveno mandamiento es: "No hablarás contra tu prójimo falso testimonio"[1].

[1]Éx. 20:16

Preg. 77. ¿Qué se requiere en el noveno mandamiento?
Resp. El noveno mandamiento requiere que mantengamos y promovamos la verdad entre hombre y hombre[1], así como también nuestro[2] buen nombre y el de nuestro prójimo[3], especialmente cuando actuamos como testigos[4].

[1]Zac. 8:16
[2]1 P. 3:16
[3]3 Jn. 12
[4]Pr. 14:5,25

Preg. 78. **¿Qué se prohíbe en el noveno mandamiento?**
Resp. El noveno mandamiento prohíbe todo lo que es perjudicial para la verdad[1] o injurioso para nuestro propio buen nombre[2] o el de nuestro prójimo[3].

[1]Ro. 3:13
[2]Job. 27:5
[3]Sal. 15:3

Preg. 79. **¿Cuál es el décimo mandamiento?**
Resp. El décimo mandamiento es: "No codiciarás la casa de tu prójimo, no codiciarás la mujer de tu prójimo, ni su siervo, ni su criada, ni su buey, ni su asno, ni cosa alguna de tu prójimo"[1].

[1]Éx. 20:17

Preg. 80. **¿Qué se requiere en el décimo mandamiento?**
Resp. El décimo mandamiento requiere pleno contentamiento con nuestra propia condición[1], con una actitud espiritual justa y caritativa hacia nuestro prójimo y todo lo que le pertenece[2].

[1]He. 13:5; 1 Ti. 6:6
[2]Job 31:29; Ro. 12:15; 1 Ti. 1:5: 1 Co. 13:4,5,6,7.

Preg. 81. **¿Qué se prohíbe en el décimo mandamiento?**
Resp. El décimo mandamiento prohíbe todo descontento con nuestra situación[1], envidiar o lamentarnos por el bienestar de nuestro próji-

mo[2], y todo deseo o intención desordenada hacia sus pertenencias[3].

[1]1 Co. 10:10
[2]Gá. 5:26
[3]Col. 3:5

Preg. 82. ¿Puede alguien guardar perfectamente los mandamientos de Dios?

Resp. Desde la Caída ningún hombre puede guardar perfectamente en esta vida los mandamientos de Dios[1], sino que los quebranta diariamente en pensamiento[2], palabra[3] y obra[4].

[1]Ec. 7:20
[2]Gn. 8:21
[3]Stg. 3:8
[4]Stg. 3:2

Preg. 83. ¿Son todas las transgresiones de la Ley igualmente detestables?

Resp. Algunos pecados, en sí mismos, y por razón de diversos agravantes, son más detestables a la vista de Dios que otros[1].

[1]Jn. 19:11

Preg. 84. ¿Qué es lo que todo pecado merece?

Resp. Todo pecado merece la ira y la maldición de Dios, tanto en esta vida como en la venidera[1].

[1]Gá. 3:10; Mt. 25:41

Preg. 85. **¿Qué requiere Dios de nosotros para que escapemos de su ira y maldición por causa del pecado?**

Resp. Para escapar de la ira y la maldición que merecemos por causa del pecado, Dios requiere de nosotros la fe en Jesucristo, el arrepentimiento para vida[1] con el uso diligente de todos los medios externos con los cuales Cristo nos comunica los beneficios de la redención[2].

[1]Hch. 20:21
[2]Pr. 2:1-5

Preg. 86. **¿Qué es la fe en Jesucristo?**

Resp. La fe en Jesucristo es una gracia salvadora[1], por la cual le recibimos[2] y descansamos solo en Él para salvación[3], según se nos ofrece en el Evangelio[4].

[1]He. 10:39
[2]Jn. 1:12
[3]Fil. 3:9
[4]Is. 33:22

Preg. 87. **¿Qué es el arrepentimiento para vida?**

Resp. El arrepentimiento para vida es una gracia salvadora[1] por la cual un pecador, con verdadero sentimiento de su pecado[2], y comprendiendo la misericordia de Dios en Cristo[3], con dolor y aborrecimiento de su pecado, se aparta del mismo para ir a Dios[4], con pleno propósito y esfuerzo para una nueva obediencia[5].

[1]Hch. 11:18
[2]Hch. 2:37
[3]Sal. 119:59
[4]Jer. 31:18
[5]Sal. 119:59

Preg. 88. ¿Cuáles son los medios externos por los que Cristo nos comunica los beneficios de la redención?

Resp. Los medios externos ordinarios por los que Cristo nos comunica los beneficios de la redención son sus ordenanzas, especialmente la Palabra, los sacramentos y la oración[1]; todos los cuales son eficaces para los elegidos para salvación.

[1]Hch. 2:41,42

Preg. 89. ¿Cómo se hace eficaz la Palabra para salvación?

Resp. El Espíritu de Dios hace que la lectura, y especialmente la predicación de la Palabra, sea un medio eficaz para convencer y convertir a los pecadores[1], y para edificarlos en santidad y consolación[2], por medio de la fe, para salvación[3].

[1]Sal. 19:7
[2]1 Ts. 1:6
[3]Ro. 1:16

Preg. 90. ¿Cómo se debe leer y escuchar la Palabra para que sea eficaz para salvación?

Resp. Para que la Palabra sea eficaz para salvación, debemos atender a ella con diligencia[1], preparación[2], y oración[3]; recibirla con fe[4] y amor[5], aplicarla a nuestro corazón[6], y practicarla en nuestra vida[7].

[1]Pr. 8:34
[2]1 P. 2:1
[3]Sal. 119:18
[4]He. 4:2
[5]2 Ts. 2:10
[6]Sal. 119:11
[7]Stg. 1:25

Preg. 91. **¿Cómo llegan a ser los sacramentos medios eficaces de salvación?**

Resp. Los sacramentos llegan a ser medios eficaces de salvación, no por alguna virtud que haya en ellos, o en aquel que los administra[1], sino solo por la bendición de Cristo y la obra de su Espíritu en aquellos que por la fe los reciben[2].

[1]1 Co. 3:7
[2]1 P. 3:21

Preg. 92. **¿Qué es un sacramento?**

Resp. Un sacramento es una ordenanza santa, instituida por Cristo, en la cual, mediante signos sensibles, Cristo y los beneficios del nuevo pacto están representados[1], sellados y son aplicados a los creyentes[2].

[1]Gn. 17:10
[2]Ro. 4:11

Preg. 93. **¿Cuáles son los sacramentos del Nuevo Testamento?**

Resp. Los sacramentos del Nuevo Testamento son el bautismo[1] y la cena del Señor[2].

[1]Mr. 16:16
[2]1Co 11:23

Preg. 94. **¿Qué es el bautismo?**

Resp. El bautismo es un sacramento en el que el lavamiento con agua en el nombre del Padre, el Hijo y el Espíritu Santo[1] significa y sella nuestra unión con Cristo, la participación de los beneficios del pacto de gracia[2] y nuestro compromiso de pertenecer al Señor[3].

[1]Mt.28:19
[2]Ro. 6:3-4
[3]Gá. 3:26-27

Preg. 95. **¿A quién debe administrarse el bautismo?**

Resp. El bautismo no debe administrarse a quienes están fuera de la Iglesia visible, hasta que profesen su fe en Cristo y la obediencia a Él[1]; pero los niños de quienes son miembros de la Iglesia visible deben ser bautizados[2].

[1]Hch. 8:36,37; 2:38.
[2]Hch. 2:38,39; Gn. 17:10 (*cf.* Col. 2:11,12; 1 Co. 7:14).

Preg. 96. **¿Qué es la cena del Señor?**

Resp. La cena del Señor es un sacramento en el que, al dar y recibir pan y vino, según lo establecido por Cristo, se anuncia su muerte[1]; y quienes los reciben dignamente participan —no de una manera corporal y carnal— de su cuerpo y sangre, con todos sus beneficios, para su alimentación espiritual y su crecimiento en gracia[2].

[1]Lc. 22:19
[2]1 Co. 10:16

Preg. 97. ¿Qué se requiere para recibir dignamente la cena del Señor?

Resp. Se requiere de aquellos que desean participar dignamente de la cena del Señor, que se examinen acerca de su conocimiento para discernir el cuerpo del Señor[1], acerca de su fe para alimentarse de Él[2], acerca de su arrepentimiento[3], amor[4], y nueva obediencia[5], no sea que participando indignamente, coman y beban juicio contra sí mismos[6].

[1]1 Co. 11:28-29
[2]2 Co. 13:5
[3]1 Co. 11:31
[4]1 Co. 11:18
[5]1 Co. 5:8
[6]1 Co. 11:27

Preg. 98. ¿Qué es la oración?

Resp. La oración es una presentación de nuestros deseos a Dios[1], respecto a cosas agradables a su voluntad[2], en el nombre de Cristo[3], con confesión de nuestros pecados[4], y agradecido reconocimiento de sus misericordias[5].

[1]Sal. 62:8
[2]Ro. 8:27
[3]Jn. 16:23
[4]1 Co. 11:18
[5]Fil. 4:6

Preg. 99. ¿Qué regla ha dado Dios para dirigirnos en la oración?

Resp. Toda la Palabra de Dios es útil para dirigimos en la oración[1], pero la regla especial para nuestra dirección es aquella forma de oración que Cristo enseñó a sus discípulos, comúnmente llamada el Padre Nuestro[2].

[1]1 Jn. 5:14
[2]Mt. 6:9

Preg. 100. ¿Qué nos enseña el prefacio de la oración del Señor?

Resp. El prefacio del Padre Nuestro, que dice: "Padre nuestro que estás en los cielos", nos enseña a acercarnos a Dios con santa reverencia y confianza[1], corno hijos a un padre[2] capaz y dispuesto para ayudarnos[3], y también nos enseña que debemos orar con otros y por otros[4].

[1]Is. 64:9
[2]Lc. 11:13
[3]Ro. 8:15
[4]Ef. 6:18

Preg. 101. ¿Qué rogamos en la primera petición?

Resp. En la primera petición (que es "Santificado sea tu nombre") rogamos que Dios nos capacite a nosotros y a otros para glorificarle en todo aquello en que se nos da a conocer[1]; y que todo lo disponga para su propia gloria[2].

[1]Sal. 67:1-3 2
[2]Ro. 11:36

Preg. 102. ¿Qué rogamos en la segunda petición?
Resp. En la segunda petición (que es "Venga tu reino") rogamos que el reino de Satanás sea destruido[1], y que el reino de la gracia prospere[2], así como que nosotros y los demás seamos introducidos y conservados en él[3], y que el reino de la gloria venga pronto[4].

[1]Sal. 68:1
[2]Sal. 51:18
[3]2 Ts. 3:1
[4]Ap. 22:20

Preg. 103. ¿Qué rogamos en la tercera petición?
Resp. En la tercera petición (que es "Sea hecha tu voluntad, como en el cielo, así también en la tierra") rogamos que Dios, por su gracia, nos haga capaces y dispuestos para conocer, obedecer[1] y sometemos a su voluntad en todas las cosas[2], como los ángeles hacen en el Cielo[3].

[1]Sal. 119:34-36
[2]Hch. 21:14
[3]Sal. 103:20

Preg. 104. ¿Qué rogamos en la cuarta petición?

Resp. En la cuarta petición (que es "El pan nuestro de cada día, dánoslo hoy") rogamos que por el don gratuito de Dios recibamos una porción suficiente de las cosas buenas de esta vida[1], y que con ellas gocemos de su bendición[2].

[1]Pr. 30:8,9
[2]Sal. 90:17

Preg. 105. ¿Qué rogamos en la quinta petición?

Resp. En la quinta petición (que es "Y perdónanos nuestras deudas, como también nosotros perdonamos a nuestros deudores") rogamos que Dios, por causa de Cristo, perdone gratuitamente todos nuestros pecados[1]; y se nos estimula a pedir esto porque, por su gracia, recibimos un corazón para perdonar a otros[2].

[1]Sal. 51:1
[2]Mt. 6:14

Preg. 106. ¿Qué rogamos en la sexta petición?

Resp. En la sexta petición (que es "Y no nos metas en tentación, mas líbranos del mal") rogamos que o bien Dios nos libre de ser tentados para pecar[1], o que nos ayude y nos libre cuando somos tentados[2].

[1]Mt. 26:41; Sal. 19:13
[2]Sal. 51:10

Preg. 107. ¿Qué nos enseña la conclusión del Padre Nuestro?

Resp. La conclusión del Padre Nuestro (que es "Porque tuyo es el reino, y el poder, y la gloria, por todos los siglos. Amén") nos enseña a recibir nuestro ánimo para la oración solo de Dios[1], y a alabarle en nuestras oraciones, y atribuirle el Reino, el poder y la gloria[2]. Y, en testimonio de nuestro deseo, y de la certeza de que seremos oídos, decimos: Amén[3].

[1]Dn. 9:18,19
[2]1 Cr. 29:11,13
[3]Ap. 22:20